聖書を読んだサムライたち

龍馬の夢

北の大地で志を継いだ 沢辺琢磨と坂本直寛

守部 喜雅

いのちのことば社
フォレストブックス

プロローグ

二〇一〇（平成二十二）年のNHK大河ドラマ「龍馬伝」を演出したプロデューサーの大友啓史氏に、このドラマのテーマは何ですか、と聞いたことがあります。

「憎しみからは何も生まれない」というのがその答えでした。そう言えば、ドラマの中で、上士（上級武士）に足蹴にされた岩崎弥太郎が、上士に殺意を抱いた時、止めに入った龍馬が、弥太郎を守るために言い放ったのもこの言葉でした。

確かに、激動の三十三年間、激しく生き、散って行った龍馬の生涯を見ると、互いに敵対していた同士を、いつの間にか和解させると言う役回りを演じ、それが、時代を拓く端緒となっています。

その意味で、キリスト教の司祭、牧師として「愛と赦し」のメッセージに命を懸けた沢辺琢磨と坂本直寛は、龍馬の志を継いだ男たち、と言えるかも知れません。二人とも龍馬の血族というのも不思議と言えば不思議です。

作家の司馬遼太郎は、勝海舟とキリスト教というテーマは幕末維新史の中で、もっと掘り下げる必要がある、といった意味のことを生前に語っています。幕末維新の志士の中でも、現在も人気のある海舟ですが、その業績となると、キリスト教との関係がほとんど触れられることがないというのが日本史の実状です。

海舟がその死の二週間前に「私はキリストを信じる」と明確に告白したという記録が残っていますが、このことなどは、もっと知られても良い史実と言えましょう。それに関連して、勝海舟の弟子である龍馬とキリスト教というテーマも、新しい視点で見直す必要があるのかも知れません。ここにも、もうひとつの幕末維新史があるのです。

目次

第三章・坂本直寛の生涯……71

第一章・龍馬とキリシタン

「龍馬伝」でのキリスト教

二〇一〇（平成二十二）年に放映されたNHK大河ドラマ「龍馬伝」は異色の作品として注目されました。時代と切り結んだ男たちの内面を深く描いたその手法に深く感動を覚えたものです。ある時、このドラマの演出家に製作の裏話を聞いたことがあります。

たとえば、こんなエピソードがありました。ドラマの時代は幕末、当時の決して清潔とは言えない生活感を出すため、演技に入る前には山盛りのコンスターチの前に俳優を立たせ、大型扇風機でそれを吹き付ける。もちろん、龍馬役の福山雅治もこのコンスターチを全身に浴びて演技をしたそうです。ちなみに、このトウモロコシのかす、クランク・アップまでに三十トンが使われたとか。

坂本龍馬肖像。国立国会図書館提供

ところで、「龍馬伝」のストーリーのなかでどうしても気になることがありました。長崎時代の龍馬とキリシタンとの関係です。演出家によると、長崎でシナリオ・ハンティングをしたとき、意外にも、龍馬とキリシタンとの関係を示す資料が少なからず出て来たと言います。長崎が殉教の地であることをストーリーに入れたかった」

「長崎は、徳川幕府によって多くのキリシタンが殺されています。

そこで、ドラマに登場したのが、丸山遊郭の芸奴・お元の存在です。実在の人物として、お元は司馬遼太郎の小説『竜馬がゆく』にも出て来る女性ですが、テレビドラマの中では、隠れキリシタンという設定で登場します。

お元は倒幕派の龍馬などの身辺を探るべく、長崎奉行が送りこんだ隠密という設定で物語は進みますが、ある事件から、お元がキリシタンであることが発覚、追手を逃れてさ迷うお元を助けたのが龍馬でした。ドラマの中では、当時、幕府から迫害を受けていたキリシタンに深い同情を寄せていた龍馬が、駐日英国公使ハリー・パークスの助けを借りて、お元を舟で海外へ逃がすシーンが出て来ます。これなど、ドラマの製作者が、龍馬とキリシタンの関係をしっかりと表現したかった場面でしょう。

龍馬とキリシタン……、一見、ミスマッチな関係に思えますが、坂本龍馬が長崎や京都で活躍した時期は、まさに、隠れキリシタンの存在が明らかになり、その愛と赦しの教えが庶民の心をあつく捉えた時代でもありました。しかも、長崎には激しいキリシタン弾圧の悲しい歴史がありました。特に、一八六七（慶応三）年から六八（明治元）年にかけて起こった浦上四番崩れ、と言われた大迫害は、長崎の浦上村で三千人以上の人々が捕えられ弾圧を受けています。

大河ドラマ「龍馬伝」では、踏み絵を踏んでしまったお元が、秘かにキリシタンの地下教会に忍び込み、懺悔の祈りを捧げるシーンが出て来ます。このような秘密の礼拝堂跡としては、長崎市内にサンタ・クララ教会跡が史蹟として残っています。

龍馬にとって、キリシタンとはどのような存在だったのでしょうか。大河ドラマ「龍馬伝」では、明らかに、龍馬がキリシタンに同情し、彼らを助けたいという思いを持っていた人物として描かれています。

『閑愁録』の謎

ところで、龍馬が隊長を務めていた「海援隊」が、出版事業もしていたことをご存知でしょうか。「海援隊」は、元々長崎で龍馬らが立ち上げた「亀山社中」が発展して、一八六六（慶応二）年に組織化された経営集団です。「亀山社中」自体、日本における最初の株式会社と言われるように、薩摩藩などのスポンサーをバックに、武器や船舶などの商いをしていましたか

明治時代中期の長崎全景。横浜開港資料館蔵

ら、「海援隊」も同じような路線を進み、倒幕計画を経済的に陰で支える役割を担っていました。ところが、この「海援隊」が出版事業もしていたというのですから意外です。

一八六七（慶応三）年十一月十五日、龍馬は京都で暗殺されますが、その同じ年の五月、「海援隊」出版部から、『閑愁録《かんしゅうろく》・護教』という宗教に関する小冊子が発行されています。〝閑愁〟とは、「今、気にかかっていること」といった意味合いがあります。

倒幕計画を進めていた龍馬が、なぜ、宗教の本を「海援隊」発行の最初の文書として出すことを許可したのでしょうか。「海援隊」では、三冊の書籍を発行していますが、龍馬が生存している間に出されたのは『閑愁録』だけです。ちなみに、他の本は、龍馬没後に出された『藩論』と、初歩的な英語教科書です。

商いを旨とする「海援隊」が、なぜ宗教の本を最初に出したのかは謎という他ありません。司馬遼太郎著『竜馬がゆく』の中では、「海援隊」の項で、宗教の本を出したことには触れていますが、なぜ？という問いにはふれていません。では、『閑愁録』には何が書かれているのか、その出だしの部分を原文で紹介し、口語文を付け加えてみます。

『閑愁録』（土佐海援隊蔵板）

〈原文〉

「方今西洋耶蘇《やそ》教　大ニ三港ニ行ハレ　洋僧天主堂ヲ建テ　愚民ヲ誘惑ス　而シテ三港中長崎最盛也　其近傍浦上大浦ノ村民　相競テ彼徒ニ赴ク者　在家微多ヲ合ノ　三千人ニ及ヘリ　其説ニ曰　若能ク此宗旨ヲ

奉崇スレハ　貧ナル者ハ必ス富ミ　愚ナル者ハ必ス智アリ賎シキ者ハ必ス貴ク　病メル者ハ必ス癒ユ　未来永劫威福自在也ト。……且ツ、耶蘇《やそ》自ラ磔殺セラレ　万民ノ罪障ヲ償ヒ　天帝ニ謝セシ説ヲ主張スルカ故ニ　一タヒ此教ヲ奉スル者ハ　極刑ニ処セラルヲ以テ　巳レカ栄トス。甚ダシキ者ハ好ンデ十字架ニ懸ケテ死スル者アリ　ケダシソノ教ヘタルヤ詭譎淫巧到ラサル処ナク　其説談スル所　因果応報天道地獄ノ説ト似テ非ナル者ニシテ　只人欲ノ向フ所ニヨリテ凡庸ヲ孤惑ス　故ニ　日用篠理政法刑罰ヲ以テ　決シテ禁制スベカラザル也」

〈口語文〉

「近頃、西洋の耶蘇教が三港で大変盛んになり、西洋の僧侶が天主堂を建て、愚かな民衆を惑わしている。そして、三港の中でも長崎が最も盛んである。その付近の浦上大浦の村民たちの中から、競い合ってその弟子となる者が、在家、非人を合わせて三千人に及んでいる。その教えに言うには、もしその教義を奉崇するならば、貧しい者は必ず富み、愚かな者は必ず智恵がつき、賤しい者は必ず高貴になり、病気の者は必ず治ると。……それに加えて彼らは、耶蘇自らが磔《はりつけ》にされて殺され、万民の罪障《ざいしょう》を償《つぐな》い、天の神に謝罪したと言う説を主張するがために、ひとたびこの教えを信奉する者は、極刑に処せられることによって自らの栄誉とする。はなはだしい者は、自ら望んで十字架に架かって死ぬ者もある。その教えと言えば、おそらく、すべては空論と言えるようなもので、その説が語るところは、因果応報天道地獄の教えとは似て非なるものであって、ただ、欲に弱い凡庸な者を惑わしているのであろう。であるならば、普通の道理や法律の刑罰によって禁制にすることなど決してしてはならない……」

このような文章のあと、『閑愁録《かんしゅうろく》』の後半部分では、日本古来の仏教が僧侶の堕落などで危機にひんしていることを憂い、仏法の護持を誰が担うのか、といった問題提起がなされています。後半部分は護教というテーマで、浄土真宗による仏教の再興にもふれていますから、後半部分だけを読むと、『閑愁録・護教』は仏教の普及を奨励しているようにも見えます。

しかし、これは実に不思議な文章だと思いませんか。一見、キリシタンがはびこることに警鐘を鳴らしているようにも見えます。ところが、一方で、「……であるならば、普通の道理や法律の刑罰によって禁制にすることなど決してしてはならない……」と、迫害されているキリシタンを守るかのような文言が出て来るのです。これは、当時がまだキリシタン禁制の時代であったことを考えると、「禁制にすることなど決してしてはならない」とは、実に大胆な発言です。

それと、もう一つ、ここにはキリシタンが持っている信仰について、比較的正確な描写がなされていることです。耶蘇教（キリスト教）の教えの中心は、キリストが、人類の罪を贖《あがな》うために十字架に架《か》かった、というところにあります。そして、そのキリストを救い主として信じる人々がキリシタンと呼ばれたのです。さらに、耶蘇教が「因果応報天道地獄の教えとは似て非なるもの」、という表現があるのも大きな意味があると言えます。

キリシタンの教えが十五世紀末に日本に入って来たとき、その教えが差別と貧困に苦しむ多くの庶民の心を捉えました。因果応報の教えに縛られ、人生をあきらめていた人々が、キリスト教の中に解放と希望のメッセージを見出したのです。キリスト教の正典である聖書には次のようなイエス・キリストの話が出てきます。

「またイエスは道の途中で、生まれつきの盲人を見られた。弟子たちは彼についてイエスに質問して言った。『先生、彼が盲目に生まれついたのは、だれが罪を犯したからですか。この人ですか。その両親ですか。』イエスは答えられた。『この人が罪を犯したのでもなく、両親でもありません。神のわざがこの人に現われるためです』」（ヨハネの福音書9章1～3節）

おそらく、このイエスの話をポルトガルから来た宣教師などに聞かされ、差別に苦しみ貧しさのなかにあった人々は、希望を見出したのではないでしょうか。因果応報にがんじがらめになっていたと思っていた自分の人生が、そうではなく、神の手のなかにあって輝いている人生であることを感じ取ったにちがいありません。耶蘇《やそ》教（キリスト教）は因果応報と似て非なるもの、との説明は、実は正しくキリスト教の核心をついているのです。

『閑愁録《かんしゅうろく》』は、耶蘇教を批判しているようで、耶蘇教の特徴を的確に説明している実に不思議な文書でもあります。どうして、このような宗教の本が、よりによって「海援隊」から発行されたのでしょうか。

『閑愁録』をまとめたのは海援隊の書記係だった長岡謙吉です。龍馬が最も信頼を置いていた隊員で、龍馬が提案した政策「船中八策」は謙吉がまとめたと言われています。彼は、龍馬と同じ土佐藩士で、若い頃、医学を学ぶために長崎に遊学していています。ところが、現地でキリシタンになったという嫌疑をかけられ、四年にわたり土佐で謹慎生活を強いられたのです。ですから、耶蘇教の教義にも通じていたことがうなずけます。

しかし、謹慎が解けた後、彼は土佐を脱藩し龍馬の元へと身を寄せました。このような長岡謙吉の過去を知ると、『閑愁録』というこの一見キリシタンを攻撃しているように見える本も、実は、別の目的を持って出版されたのではと深読みしたくなります。

当時は、耶蘇教を評価するような文章を書くだけでキリシタンと見なされ厳しい処罰は免れませんでした。長崎時代の長岡謙吉にはその前科がありました。ですから、キリスト教が空論であるかのような言い方をせざるを得なかった。だからと言って、キリシタンを取り締まれと言うのではありません。「普通の道理や法律の刑罰によって禁制にすることなど決してしてはならない」といった、実に論理の飛躍した説明が飛び出して来るのです。ここに長岡謙吉の、〝キリシタン弾圧を止めさせたい〟という本音があるように思えてならないのです。もちろん、だからと言って、長岡謙吉がキリスト教信仰を持ち続けていたとは限

長岡謙吉 肖像。ウィキペディア提供

りません。一度は、キリシタンに惹かれたものの、激しい弾圧で、その信仰を捨てたとも考えられます。しかし、信仰は捨てても、キリシタンが次々と殺されていくのを黙って見過ごすわけにはいかない。そんな思いが『閑愁録《かんしゅうろく》』を書かせたのではないかと想像してみるのです。

土佐で、上士（上級武士）が下士（下級武士）を差別することに苦しんだ龍馬にとっても同じ思いだったはずです。神の前にすべての人は平等であるとして、愛と赦しを説く耶蘇《やそ》教（キリスト教）は、共感こそすれ、攻撃の対象ではなかったはずです。

「当時土佐藩では、郷士などといった士格以下の輩は、たとえ知恵と勇気と弁術に長けた者であれども、悪しき慣習久しく残る封建制度ゆえに、まさに奴隷の如く抑圧され、その頭角すら現せぬことを日々恨めしく思っていた。

しかし、ペリーによる黒船来航の嘉永六（一八五三）年の頃より、士格以下の者の中にも、文武修行のために江戸に赴き、広く他国の有志に交わる者や尊王攘夷の思想に耳を傾ける者が出てくるようになった。彼らによってもたらされた、『天は人として生きる権利をすべての者に平等に与える』とする天賦人権の思想に、上士以外の者たちは、胸の炎を焦がしつつ、旧き封建主義を憎み、悪しき階級制度を憎むといった風潮が、まさに生まれつつあった」（坂崎紫瀾《しらん》著『現代語訳汗血千里駒・真龍馬伝』金谷俊一郎訳）

ここに引用した文章は、一八八三（明治十六）年に発行された本邦最初の龍馬伝『汗血千里駒《かんけつせんりのこま》』に出て来るものです。作者は坂崎《さかざき》紫瀾《しらん》という高知の「土陽新聞」の記者です。ここは、龍馬ら土佐の下士がどれほど上士によっていじめられたかが克明に描かれた個所ですが、龍馬をはじめその下士が、アメリカのペリー艦隊の来航によってもたらされた「天の下ではすべての人は平等である」という教えによって、大きな影響を受けたと説明しているのです。

この坂崎紫瀾ですが、『真龍馬伝』の訳者・金谷俊一郎は次のようにその人物像を紹介しています。

「壮年期に明治維新を迎えた紫瀾は、一八七二（明治五）年、弱冠二十歳の若さで彦根の旧藩校教官となりますが、すぐさまその職を辞し、ギリシャ正教の修道士で日本正教会の創設者でもあるニコライ・カサートキンの塾や、大教院などに籍を置きます。ここで学んだキリスト教の理念が、彼が自由民権運動に身を投じていく一つのきっかけになったとも考えられます。二年後の一八七四（明治七）年には、大教院の〝教会新聞〟の記者になります。ジャーナリスト坂崎紫瀾の誕生です」

ここでお分かりのように、日本で最初の「龍馬伝」を書いた坂崎紫瀾はキリスト教徒でした。ですから、彼が「天は人として生きる権利をすべての者に平等に与える」と書くとき、その「天」とは明らかに聖書

「土陽新聞」に連載後、単行本となった『汗血千里駒』（春陽堂刊）。明治時代刊。高知市立自由民権館蔵

に出て来る「ゴッド」、天地万物を創られた創造主なる神を示していると言えます。

「天」という思想

ここで、幕末明治を切り開いた志士たちも、しばしば使っている「天」という言葉について少し説明したいと思います。

まず、福沢諭吉が一八七二(明治五)年に著わした『学問のすゝめ』の冒頭に出て来る、あの有名な言葉です。「天は人の上に人を造らず、人の下に人を造らず、といへり」。ここに出て来る「天」は、多くの福沢諭吉研究家は、儒教的「天」と説明しています。ところが、福沢は、一八七一(明治四)年に子どもの訓育の目的で出した私家版「日々のをしへ」のなかで、こんなことを書いているのです。

「てんたうさま(太陽・編集部注)をおそれ、これをうやまひ、そのこころにしたがふべし。ただし、ここにいふてんたうさまは、にちりんのことにあらず、西洋のことばにてごっどといひ、にほんのことばにほんやくすれば、ざうぶつしゃといふものなり」

「世のなかには父母ほどよきものなし。父母よりしんせつなるものはなし。父母のぢゃうぶ(丈夫・編集部注)なるは、こどものねがふところなれども、けふはいきて、あすはしぬるもわからず。父母のいきしに(生死・編集部注)はごっどのこころにあり。ごっどは父母をこしらへ、ごっどは父母をいかし、また、父母をしなせることもあるべし。てんちばんぶつなにもかも、ごっどのつくらざるものなし。こどものときよりごっどのありがたきをしり、ごっどのこころにしたがふべきものなり」

これでも分かるように、福沢は、ゴッド（創造主なる神）を信じていました。「天は人の上に人を造らず、人の下に人を造らず、といへり」という言葉は、神の支配を大前提として起草されたアメリカの独立宣言からヒントを得て出て来たものと言われています。

もう一人、西郷隆盛の場合はどうでしょう。

「天は人も我も同一に愛し給ふゆえ、我を愛する心を以て人を愛するなり」

「人を相手にせず、天を相手にせよ。天を相手にして、己を尽くして人をとがめず、わが誠の足らざるを尋ぬべし」

これらの言葉は、西郷の言葉を収めた『南《なん》洲《しゅう》翁《おう》遺《い》訓《くん》』のなかに出て来ます。一八六八（慶応四）年、幕府側の庄内藩士が、倒幕派の薩摩藩邸を焼き討ちにしたとき、西郷はその犯人たちを罰することなく赦しています。それを恩義に感じた庄内藩士たちが、明治になって西郷の元を訪れ、その教えを書きとってまとめたのが『南洲翁遺訓』です。

西郷隆盛。国立国会図書館提供

ここでも、「天」と言う言葉が出て来ます。従来の西郷研究では、やはり、この「天」を儒教的な意味で捉えていたようですが、近年の西郷研究では、彼が言う「天」は、聖書のなかに出て来る、「創造主なる神」を指していることはまちがいない、という説が有力になっています。

二〇〇八（平成二十）年の暮れに、鹿児島市上竜尾町にある西郷南洲顕彰館で開かれた「敬天愛人と聖書展」で、これまで、キリスト教との関係があまり知られることのなかった西郷隆盛が、実は聖書をよく読み、それを人に教えてもいたという証言が紹介されました。同展覧会には、西郷が読んでいたものと同じとされる香港英華書院刊の新約聖書が展示され、この模様を記事にした「南日本新聞」によると、西郷南洲顕彰館の高柳毅館長は、西郷が側近に漢訳聖書を貸し与えたとの記述があることから、西郷が聖書を入手して読んでいたのは確かだと述べています。そして、西郷が説いた「敬天愛人」という教えのルーツは、新約聖書マタイの福音書に出て来るイエスの言葉にあるのではと

西郷隆盛直筆の書「敬天愛人」。西郷南洲顕彰館蔵

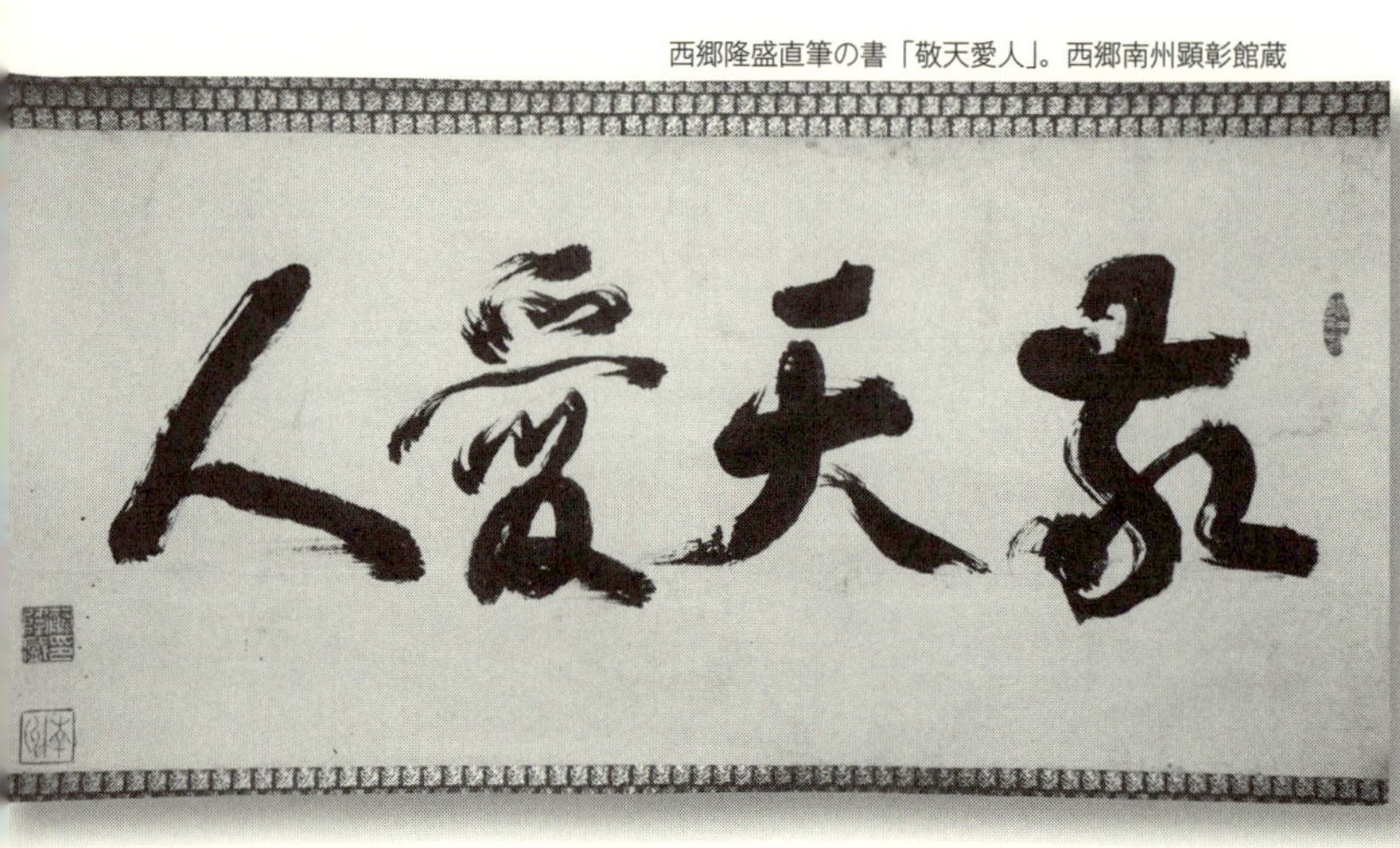

語っています。ここにも、「憎しみからは何も生まれない」という言葉が浮かび上がってきます。

「『自分の隣人を愛し、自分の敵を憎め』と言われたのを、あなたがたは聞いています。しかし、わたしはあなたがたに言います。自分の敵を愛し、迫害する者のために祈りなさい。それでこそ、天におられるあなたがたの父の子どもになれるのです」（マタイの福音書5章43～45節）

「天」は、福沢諭吉にとっても、西郷隆盛にとっても、漠然とした法則のようなものではなく、明らかに、聖書が示す「天地万物を創造された神」を意味していたと考えられるでしょう。

「天」に関する説明が少々長くなり脇道にそれた感がありますが、龍馬にとっても、「天の父なる神」を信じ人間は神のもとで平等である、という教えに生きたキリシタンの存在は決して小さくはなかったはずです。一八六七（慶応三）年、龍馬は暗殺される前に、自分とキリシタンの関係について、土佐藩士の一人に、次のような心情を述べたと言われています。

「龍馬は、一見因果関係のなさそうな事象や世の中の動きをうまく捕えて組み合わせ、自分の目的に有効活用しようとする考えの持ち主だった。ある夜、龍馬は土佐の同志に〝今度の薩長との共同計画が仮に失敗に帰したならば、いっそのこと耶蘇《やそ》（キリスト）教を使って人心を扇動し、そのドサクサまぎれに幕府を倒してしまおうか〟と提案したことがあったという」（坂本優二著『龍馬の言葉』）

この話などは、龍馬のキリシタンに対する共感を的確に表していると思われます。

勝海舟にとっての触媒

さて、幕末の時代、キリシタンに同情しその信仰を守ろうとした人物に勝海舟がいます。そうです、龍馬の師でもある勝海舟です。彼は、幕末のリーダーのなかでも、キリスト教と最も近い関係にあった人物と言われています。

『竜馬がゆく』の著者・司馬遼太郎は、幕末の志士の中で、勝海舟を一番に評価していますが、その著『明治という国家』のなかでこんな記述をしています。

勝 海舟肖像。国立国会図書館提供

「幕末のいわゆる志士のなかで、明治の革命後の青写真、国家の設計図を持ったひとは坂本龍馬だけだっただろうと思いますが、それは勝という触媒によって出来あがって行ったものでしょう。さらにいえば、カッテンディーケが勝にとっての触媒だった。それが龍馬にうつされてゆく」（司馬遼太郎著『明治という国家』）

〝触媒〟とはおもしろい表現だと思います。龍馬は勝海舟と出会うことによって本質的にその内面が変えられた、といった意味に捉えてもよい言葉でしょう。ところで、不思議なのは、その勝海舟の内面を本質的に変えた人物としてカッテンディーケという聞きなれない外国人の名前が出て来ることです。

カッテンディーケは、一八五七（安政四）年にオランダから咸臨丸に乗って長崎海軍伝習所に航海術の教師として赴任したオランダ人武官です。

彼は一八五七（安政四）年から二年間、長崎海軍伝習所で、勝海舟を始め幕府側のサムライたちに航海術を教えたのですが、カッテンディーケの日本滞在時の手記を読むと、日本人研修生との交流が実に親密なものであったことがうかがえます。

カッテンディーケ肖像。ウィキペディア提供

「我々は、毎日、百余名の生徒と接触した。すなわち、彼らは、教室においてではなく、しばしば、我らの家まで来訪し、目付役の付き添いのない場所で、学問を進めることができた。…なお、また、我々はこれらの日本人諸君と相携えて、あるいは船内で或いはまた陸上で、幾日も幾日も共に過ごしたが、それが、相互の信頼感を大いに増した。特に彼らが、付き添い役のいない処で、彼らの考えを存分に語ることが出来たことなど、それがヒシヒシと感じられた。我々は、これによって、知られない幾多の事実を明らかにすることができた」（カッテンディーケ著『長崎海軍伝習所の日々』）

これは大変意味深長な記録です。付き添いのいない処で、カッテンディーケと研修生の間に交わされた会話……具体的には分かりませんが、その内面的苦悩を含め、若きサムライたちが、外国から来たクリスチャン武官に本音で語り合ったことがうかがえます。このとき、その交わりの中心にいたのが勝海舟でした。カッテンディーケにとって、研修生の中で唯一オランダ語が出来た海舟は、個人的に最も心を通わせることが出来たサムライだったことは確かでしょう。カッテンディーケの海舟への評価は大変高いものでした。

「大目付役は、どうもオランダ人には、目の上の瘤《こぶ》であった。おまけに、海軍伝習所所長は、オランダ語を一語も解しなかった。それに引き換え、艦長役の勝氏は、オランダ語をよく解し、性質もいたって穏やかで、明朗で親切でもあったから、皆同氏に非常な信頼を寄せていた。それ故、どのような難問でも彼が中に入ってくれれば、オランダ人も納得した」

オランダから来たカッテンディーケを始めとする航海術の教師たちや従者たちは、日曜日になると、必ず礼拝の時間を持ちました。彼らは、聖書の真理をその信仰の土台としたクリスチャンたちです。礼拝の時には、神への賛美がなされ、祈りをささげ、そして、彼らが神の言葉と信じる聖書の一節が朗読されたにちがいありません。また、聖書をテキストに、イエス・キリストが十字架にかけられることによって、人類の罪を赦された神の愛が語られたことはたしかです。海舟たちが、その礼拝に加わることは、キリシタン禁制の時代である故に、むずかしかったと思われますが、その礼拝の様子を垣間見て心動かされたのは確かでしょう。

勝海舟は、彼らが歌うオランダ語の讃美歌「ローフ・デン・ヘール」（たたえよ神よ）を聞き、その歌詞に感動して、それを日本語に翻訳までしています。ですから、教会音楽事典などをひもとくと、日本で最初に外国の讃美歌を翻訳した人物として勝海舟の名が出てくるのです。

これも大変興味深いことですが、司馬遼太郎が、『明治という国家』のなかで、「カッテンディーケが勝にとっての触媒だった」と言うとき、それは、カッテンディーケが伝授した西欧の知識だけでなく、むしろ、神を礼拝するその姿の中から、また、カッテンディーケの生きざまそのものから内面的に大きな影響を受けたことを言い表しているのです。事実。カッテンディーケという人物、休みの時には、長崎の郊外を訪れ、仏教の葬列に出会うと、埋葬場所にまでついて行き、頼まれもしないのに、土葬の土をかける作業に自ら参加し、遺族に慰めの言葉をかけ、祈りを捧げているのです。彼は、ちょっと変わった外国人だったようです。自らは熱心なクリスチャンでしたが、他の宗教を軽蔑することは決してありませんでした。彼にとって、宗教云々ではなく、葬列を見た時、そこに、悲しみの人々がいるということだけで心動かされたのです。彼は手記の中で「キリスト教のいのちは愛そのものである」と書いています。日本人の悲しみに寄りそう彼の姿に勝海舟が内面的な影響を受けたということは十分に考えられることです。

事実、一八六〇（万延元）年、遣米使節団に加わって、海舟がアメリカを訪れたとき、サンフランシスコで、毎週のように、地元のプロテスタントの教会の礼拝に参加しているのです。当時、日本では、いまだキリシタン禁制がしかれた時代だったことを考えると、海舟の取った行動は大変勇気あるものだったと言えますし、もし、長崎でカッテンディーケと出会っていなかったら、おそらく起こりえなかった出来事ではなかったでしょうか。

平和主義者・海舟

さて、カッテンディーケに大きな影響を受けた勝海舟にとって、未だ、日本でキリシタン禁制がしかれ多くのキリシタンが苦しんでいるという事実は無視することは到底出来ない問題でした。

彼がアメリカから帰国した一年後の一八六一(文久元)年一月十二日、横浜の外国人居留地にカトリックの天主堂が竣工し、その落成式に多くの日本人も見物に集まりました。ところが、この天主堂は在留外国人だけが出入りが許可されていたため、神奈川奉行所は見物

横浜の外国人居留地メインストリート。1894(明治27)年頃。横浜開港資料館蔵

の日本人二十人を捕え、フランス人の神父に対しては日本語の説教を禁じたのです。事態を憂慮したフランスの宣教師が海舟の元に抗議に来た時に、海舟はその宣教師をなだめる一方、逮捕された人々が釈放されるよう奉行所と掛け合っています。交渉術にすぐれた海舟です。見事に問題を解決した時、外国人はその手腕に感心しました。どうして、そんなことが出来たのかと尋ねられると、彼は答えています。

「ナニ、私はほかに知りません。宗教の事も存じませんが、もし、横浜中のものが、皆あなたがたを信じてしまえば、致し方がありません。天堂に這入るのを抑えた所が、効がありませんから」

ひょうひょうと語る海舟です。宗教のことは分かりません、とはもちろん事実ではありません。彼は、オランダから届いた書物や長崎伝習所時代のオランダ人武官との交流の中で、キリスト教の教理はもちろん、その歴史的背景と問題について熟知していました。幕末の志士のなかで、キリシタン禁制が新しい日本の将来に大きな障害になると一番憂慮していたのが海舟だったことはまちがいありません。後に、海舟は「耶蘇《やそ》教黙許意見」を公にしました。それは、まだキリシタン禁制がしかれていた一八七一（明治四）年のことで、これが一つの要因となり、一八七三（明治六）年にキリシタン禁制が解けたと言われています。

勝海舟と坂本龍馬

一八六二（文久二）年十二月、龍馬は海舟と運命的な出会いをします。それは、司馬遼太郎の言葉を借りれば「勝と言う触媒によって龍馬の新しい人間像が生まれた」と言うことになるのでしょうか。

「憎しみからは何も生まれない」という強い思いをもって生きて来た龍馬です。けれど、勝海舟に出会うまでは、尊王攘夷派を標榜し、その前年に、土佐で武市半平太《たけちはんぺいた》が決起した土佐勤皇党に加わり暴力的革命も辞さない考えを持っていたのです。

そんな龍馬が、なぜ開明派で幕府側のリーダーの一人である海舟に会いにいったのか、不思議といえば不思議です。一八六二（文久二）年十二月、当時、江戸の千葉定吉《さだきち》道場に身を寄せていた坂本龍馬は、定吉の長男・重太郎を伴って、江戸は赤坂の氷川神社崖下、盛徳寺裏に住む勝海舟のもとを訪ねたと言われています。

ところで、龍馬は土佐藩の一介の下級武士に過ぎません。武士という名は付いていますが、上士（上級武士）と下士（下級武士）との間には、考えられないような差別が存在していました。二〇一〇（平成二十二）年に放映された大河ドラマ「龍馬伝」の第一回が「上士と下士」というタイトルでした。それは、下士が上士から犬猫のようにさげすまれ、道の向こうから上士が来ようものなら、下士は、道路の脇に這いつくばって頭を土に擦り付けるようにしてそれを迎えなければなりませんでした。テレビドラマの初回に、子ども時代の龍馬が、道で上士にぶつかるシーンが出て来ます。怒った上士は龍馬を屋敷に引き入れ手打ちにしようとします。急を聞きつけた龍馬の母親が、屋敷に駆け付け、「この子を斬るのなら私を斬ってください」と懇願します。その悲痛な叫びに屋敷の主は「もうええ、屋敷を血で汚されたらかなわんわい」と手打ちをやめさせます。このシーンは、当時の武士の身分制度がいかに不条理であったかを描きだしたものでしたが、当時、特に土佐藩では、これが現実だったのです。ですから、下級武士の龍馬が勝海舟に会えるなどとは到底考えられないことでした。

それが、実現した理由のヒントは龍馬が千葉重太郎と共に海舟を訪れているところにあるようです。千葉道場は越前福井藩の松平家の剣術指南役を仰せ使っていました。その関係から、藩主・松平慶永《よしなが》（春獄《しゅんがく》）からの紹介状を携えての海舟邸訪問が実現したと推察されます。

その前の年に咸臨丸に乗ってアメリカに行った海舟です。元々、長崎海軍伝習所時代にカッテンディーケなどとの出会いを通し、開明派になっていた海舟です。おそらく、突然訪れた土佐の下級武士に、アメリカ土産の話をたくさんしたことでしょう。

たとえば、日本の主権者である徳川家は世襲制ですが、アメリカのトップである大統領は、国民の入札（選挙）で選ばれ、身分の分け隔てなく誰もが努力次第で大統領になれる、という話などを聞いて、龍馬はカルチャーショックを受けたにちがいありません。勝海舟がもたらしてくれた新しい世界に関する情報が龍馬の心を激しくゆさぶったことでしょう。その時、海舟が龍馬にキリスト教の話をしたかどうかは分かりませんが、少なくとも、聖書を土台にした国造りを進めていたアメリカの「神の下ですべての人間は平等である」という思想は龍馬の心にはっきりと刻まれたはずです。

また、絶対平和論者の海舟に出会ったことも龍馬にとって幸運でした。大河ドラマ「龍馬伝」の中で母親が子どもの龍馬に向かって遺言のように「憎しみからは何も生まれてこんよ」と語りかけるシーンが出て来ます。海舟ほど、この「憎しみからは何も生まれてこない」という思いを生涯持ち続け、そのように生きたサムライはなかったでしょう。

後年、海舟は『氷川清話《ひかわせいわ》』の中で、龍馬との初対面を回顧して「おれを殺しに来た奴だが、なかなか人物さ。その時おれは笑って受けたが、沈着《おちつ》いてな、なんとなく冒しがたい威権があって、よい男だったよ」と語っています。これが事実なら、龍馬は海舟暗殺を謀っていたことになりますがどうでしょうか。真偽のほどは分かりません。ただ、もし、龍馬が海舟に斬り付けたとしても、海舟は一切抵抗しなかったでしょう。これも、明治になってからのことですが、海舟は武士としての佇《たたず》まいについてこう述べています。

「私は、人を殺すのが、大嫌いで、一人でも殺したものはないよ。みんな逃がして、殺すべきものでも、マアマアと言って、放っておいた。……刀でも、ひどく丈夫に結わえて、決して抜けないようにしてあった。人に斬られても、こちらは斬らぬという覚悟だった」（新訂『海舟座談』）

武士道は、いかに刀を抜かないかが美しい、と言われます。海舟は究極の武士道に生きた男と言えるのかも知れません。初対面で、龍馬はこの勝海舟に生涯、弟子としてついて行こうと決心します。

日清戦争に反対した海舟

本書の執筆中、領土問題をめぐって、日本は中国や韓国との関係がかつてなかったほどに悪化してしまいました。中国の都市部で繰り広げられる反日デモのニュースや、これからの日中関係や日韓関係の先が見えない状況を考えると暗澹《あんたん》とした思いになります。

こんな時、海舟ならどのような外交上の手腕を発揮しただろうか、とフト思ったものです。なぜなら、中国と朝鮮と日本がどう付き合って行くかは、海舟にとって実に大きな問題だったからです。

一八九四（明治二十七）年、朝鮮国内の甲午農民戦争をきっかけに、六月に朝鮮に出兵した日本は、八月一日に清国に宣戦を布告しました。日清戦争が勃発したのです。なぜ戦争をしなければならないのか？。日本側の言い分はこうです。「朝鮮の独立と改革の推進のため、また東洋全局の平和のため」。しかし、これはあくまでも名目に過ぎず、実際は朝鮮を自国の影響下に置くことや、清の領土割譲など、日本の権益の拡大を目的とした戦争でもありました。

この状況に、いち早く反応したのは海舟でした。朝鮮出兵や日清戦争に断乎反対の立場を明らかにしたのです。

この戦争において、日本軍は清軍に対して終始優勢に進め、遼東半島を占領、翌年四月には下関で日清講和条約が調印され、日本は清から遼東半島や台湾などの領土と多額の賠償金を得ました。日本は勝利をおさめたのです。しかし、海舟の第一の関心は、日本の国益を守ることではありませんでした。


「日清戦争はおれは大反対だったよ。なぜかって、兄弟喧嘩だもの犬も喰はないぢゃないか。たとへ日本が勝ってもドーなる。支那はやはりスフィンクスとして外国の奴らが分らぬに限る。支那の実力が分ったら最後、欧米からドシドシ押し掛けて来る。ツマリ欧米人が分らないうちに、日本は支那と組んで商業なり工業なり鉄道なりやるに限るよ。

一体支那五億の民衆は日本にとっては最大の顧客さ。また支那は昔時から日本の師ではないか。それで、東洋の事は東洋だけでやるに限るよ。

おれなどは維新前から日清韓三国合縦《がっしょう》の策を主唱して、支那朝鮮の海軍は日本で引受くる事を計画したものサ。今日になって兄弟喧嘩をして、支那の内輪をサラケ出して。欧米の乗ずるところとなるくらゐのものサ」（勝海舟『氷川清話』江藤淳、松浦玲編）

江戸っ子らしく口調はべらんめえ調ですが、その発言の内容は実に重要です。海舟には、まず、歴史的に見て日本、中国、韓国の三国は兄弟同士ではないかという強い思いがありました。ですから、勝ち負けにかかわらず、戦争そのものを否定したのです。戦争に負けて、あの戦争はやるべきではなかった、と言うのは簡単です。しかし、戦争に勝って、日本中が歓喜に湧いている時、海舟一人、戦争そのものを否定したところに大きな意味があります。

新渡戸稲造（一八六二〜一九三三年）は、その著『武士道』の中で、勝海舟が求めたものは「血を見ない勝利こそ最善の勝利」ということだったと述べています。二十世紀前半、世界が戦いの時代に入ろうとする頃、国際連盟事務次長として活躍した新渡戸は、絶対平和主義者として知られた政治家です。その彼が『武士道』を執筆するに当たり、理想の武士像を生涯一人も斬らなかった勝海舟のなかに見出しているのです。

「彼は旧幕時代のある時期、ほとんどのことを彼一人で決定しうる権限をゆだねられていた。そのために再三、暗殺の対象に選ばれていた。しかし、彼は決して自分の剣を血ぬらせることはなかった。……よく知られる格言に『負けるが勝ち』というものがある。この格言は、真の勝利は暴徒にむやみに抵抗することではないことを意味している。また『血を見ない勝利こそ最善の勝利』とか、これに類する格言がある。これらの格言は、武人の究極の理想は平和であることを示している」（新渡戸稲造著『武士道』奈良本辰也訳）

勝海舟は一八九九（明治三十二）年、七十七年の波乱の生涯を閉じました。彼の伝記を書いたクラークによると、海舟は亡くなる二週間前に、「私はキリストを信じる」と自分の口で信仰告白したということです。生涯、平和を求めたサムライが、平和の君としてこの世に来られたキリストの前に全面降伏したのです。この事実は、一般の歴史書には書き残されないかも知れません。しかし、その播かれた種は、龍馬をめぐる人々の間にも受け継がれ、やがて、平和の実を実らせて行きます。

「憎しみからは何も生まれない」という龍馬の思いは、次の章で紹介する沢辺琢磨、そして坂本直寛といった龍馬の血筋に当たる青年たちに受け継がれて行くことになります。

〈付録〉海外の新聞が報じたキリスト教迫害の歴史

一六一二（慶長十七）年、徳川幕府は、信仰そのものを禁止するキリシタン禁止令を布告しました。以来二百六十年余り、日本はキリスト教を信じその信仰を表せば死罪をも含む厳しい処分を受ける国となったのです。龍馬が生きた幕末も長崎を中心にキリシタン迫害が再び激しさを増した時代でした。しかし、当時のキリシタン迫害の事実を、日本国内で情報として流されることはありませんでした。

日本の宗教事情をより正確に世界に発信したのは、キリスト教国と言われたイギリスやアメリカのメディアでした。ここに紹介するのは上海に本社を置き、英文でニュースを発信していたイギリス系新聞「ノース・チャイナ・ヘラルド」に載った、日本におけるキリスト教徒迫害の実態です。当然、そこには、龍馬が活躍した当時の長崎におけるキリスト教迫害の生々しい実態も報告されています。

INTERNATIONAL

【日本のキリスト教迫害】一八七〇年三月一日号

一八五七年、日本がまだ条約を結んでいない時、長崎の浦上村の多くの村民が、キリシタンであることを日本政府に知られ捕えられて牢に入れられた。牢の中で彼らが味わった苦悩は言語に絶するもので多くの人が獄中死した。

子ども達には食物が与えられなかった。その後、この残虐な仕打ちに耐えて生き延びた人々は、信仰を捨てるという条件で長崎奉行から釈放された。しかし、それまでの苦難は彼らをさらに強く勇敢にし、生まれ故郷に帰るや、信仰を捨てるどころか、友人や隣人に熱心に入信を勧めた。

カトリックの司祭が長崎に一人もいなかった

North China Herald 1870.3.1

一八五一年、消息に通じる数人の日本人から次のような情報を得た。

浦上にはなおキリシタンがおり日本政府の過酷な仕打ちにもかかわらず、彼らはカトリックの教えに従っているという。

長い長い空白の後、カトリック司祭が再び、長崎に住む様になったのは一八六五年三月のことである。それから、二年経った頃、司祭たちは偶然、十二歳か十四歳くらいの少年に会った。少年は二人の司祭に近づいて来ると、自分はキリスト教徒だ、父親も信徒だったが二、三年前に死んだと語った。この少年の証言で、司祭たちは確かに信徒たちが生存していることを確認した。

一八六五年三月、再びカトリック教会が開かれた二、三日後、浦上村の人々がやって来た。自分たちはキリスト教徒である、どうか司祭に浦上に来て欲しい、と懇願した。ところが、司祭たちが浦上を訪れるようになったのは二年後のことだった。村に着いてみると、浦上村の人々のほとんどがキリスト教徒であることが分かった。しかも、教えを受けたいという飢え渇きは大きかった。

だが、時代はまだ、キリシタン禁制の世である。司祭は今のところ、何も出来ないと答えた。そして、信仰が政府に知られないように隠れて信仰生活を守るように進言した。

ところが、村人の反応は全く違うものだった。自分がキリシタンであることをみなに知らせたい、死ぬ覚悟は出来ているので、信仰を捨てるより死んだ方がましだと言ったのである。彼らは教会に入りたいと言ってきかず、司祭が止めようとしてもダメで、押し問答する光景が何度も見られたという。

一八六七年、浦上の仏教の僧侶たちは村民のほとんどが、キリシタンであるため収入源である葬式の依頼がなくなり、その窮状を政府に訴えた。長崎奉行はただちに十三人のキリスト教徒を捕えるよう命じた。その中には、指導者として知られる者もいた。この時は、結局、九人が検挙されあとは逃げおおせたのである。

ところが、九人が検挙されるや、子どもを含む六十四人の男女が自分たちはキリスト教徒であると名乗り出て進んで獄に繋がれたのである。このうちの一人の婦人は、教えは受けていたが、まだ洗礼は受けていなかった。

民衆は、キリスト教に同情的だった。奉行所の信者に対する仕打ちはひどいと憤りをあらわにした。検挙した役人の中にも、この迫害に反対する者もいて、捕縛命令に従わない者も出て来た。結局、この時は、アメリカ公使ファン・ファルケンバーグ将軍や条約国領事の干渉により検挙者は釈放された。

明治新政府が出来て間もなくのこと、キリスト教迫害は再び始まった。一八六八年（明治元年）七月十七日、信仰を告白したという理由で、子どもを含む何百人もの男女が検挙され捕縛された。条約国領事たちの強い抗議にもかかわらず、彼らは加賀藩所有の蒸気船サー・ハリー・パークス号に乗せられて国内各地へ送られて行ったが、その後の消息は分からない。

検挙を免れた人々は、平静を保ち信仰生活を続けた。それまで、キリスト教についてなんの知識もなかった多くの人々が、信仰の為なら死をも恐れないキリスト教徒の姿を見て、自分たちもキリスト教徒になろうと決心した。

迫害のたびに信徒の数は増えていった。これは浦上だけでなく全国的に起こったことだ。

第二章・日本最初の司祭・沢辺琢磨

初めて龍馬を書いた記者

時は一八八二（明治十五）年、東京の岩崎邸では、華やかなパーティーが開かれていました。土佐の下士から身を起し、三菱財閥を築いた岩崎弥太郎は満面の笑みをたたえ外国からの賓客を迎え、歓迎のあいさつをします。……ＮＨＫ大河ドラマ「龍馬伝」はこんなシーンから始まります。

画面は、別室に引き下がった弥太郎が、一人の新聞記者に応対するシーンへと移ります。新聞記者の名前は前述の坂崎紫瀾《しらん》、高知県の地方紙・土陽新聞の記者です。記者は弥太郎に聞きます。

「坂本龍馬という人物をご存知でしょうか？」

「龍馬伝」は、弥太郎が新聞記者の問いかけに応えるという形でドラマが展開していきます。

「龍馬は、この世で一番きらいな男じゃった。あれほど腹の立つ男はどこにもおらんかった」と吐き捨てるよう

東京・高輪の岩崎邸。このほか東京には湯島、清澄に岩崎邸があった。国立国会図書館提供

に語る弥太郎。しかし、その薄笑いの顔には、龍馬への親しみを込めた思いが漂っていました。

ここに展開するのは、岩崎弥太郎から見た龍馬像ですから、ドラマは、弥太郎のナレーションが入る形で進行します。ちなみに、テレビの画面では、汚らしい姿の弥太郎が活躍します。三菱の創業者をこんなに汚れたイメージで登場させて大丈夫なのか、という視聴者の意見もあったようです。「龍馬伝」を演出した大友啓史氏によると、意外にも、「よく創業者を取り上げてくださった」と評価され、三菱からは講演依頼も来たとのこと。

さて、「龍馬伝」の中でも狂言回しに使われた坂崎紫瀾という人物、第一章でも紹介しましたように、彼は、日本最初の龍馬伝を書いた人物です。その本の名は『汗血千里駒《かんけつせんりのこま》』。これは一八八三（明治十六）年から、高知の土陽新聞に連載され、その血沸き肉躍る物語は、当時、大評判となりました。

今でこそ、坂本龍馬は歴史上の人物の中でも特筆される人気者ですが、明治十六年頃の日本では、この幕末明治の時代を拓いた男も、人々の記憶からも忘れ去られた存在だったようです。

それを蘇らせたのが坂崎紫瀾でした。その彼には、「龍馬復活」を人々に広く知らしめなければならない思惑があったのです。

自由民権運動から生まれた龍馬伝

明治という国家の誕生は難産でした。一八七一（明治四）年には、廃藩置県や太陽暦採用などの改革がなされ、岩倉具視《ともみ》を全権大使とする欧米使節団がアメリカとヨーロッパに派遣されました。一年以上にわたり、西洋のあらゆる知識を導入して来た使節団です。その使節団に同行した、伊藤博文、大久保利通、木戸孝允《たかよし》、といった人材が新しい時代を担って行くわけですが、明治六年頃には、使節団に加わった指導者たちと、留守をあずかった西郷隆盛、板垣退助らとは、その国造りの方向に大きな違いが出て来ていました。

こんな、政府の中枢を担う人々が一つになれない状況の中、政府の行き方に反旗を翻す運動が起こったのです。それが、土佐を中心に全国に飛び火した自由民権運動です。

土佐で自由民権運動を始めたのは板垣退助です。彼は、アメリカで、「神のもとにすべての人間は平等」という思想にふれ、新しい日本を動かす力をキリスト教の精神に求めたのです。その、運動に共鳴した一人が坂崎紫瀾《しらん》です。彼は正教会に属するキリスト教徒として、「神のもとにすべての人間は平等である」という思想を標榜していました。ですから、東京に出て修業をつんでいた紫瀾が、郷里で自由民権運動ののろしが挙がった時、そこに参加するのはそんなに時間がかからなかったのです。

すでに、東京のお茶ノ水にあった正教会の本部ニコライ堂で、正教会の教会新聞の編集に当たっていた紫瀾は、文書活動で、自由民権運動を支えていこうと決心します。

ところが、華々しく始まった自由民権運動ですが、明治十年代になると、政府の締め付けが強くなり、挫折する活動も出てきたのです。一八八三（明治十六）年、『汗血千里駒《かんけつせんりのこま》』の連載が土陽新聞で始まった頃は運動への逆風は頂点に達し、紫瀾自身、その前に投獄体験もしています。

自由民権運動の主張を公には出来なくなった時代です。おもしろいことに、紫瀾は演芸団を組織し、お芝居で自由民権運動を啓蒙したりもしています。しかし、文書活動こそ紫瀾の才能が一番発揮される分野です。

とは言え、政府を批判する思想を文章にすると、ただちに逮捕されるような時代です。そこで、考え出したのが、自由民権運動の精神を自ら生き、新しい時代を切り拓いた男、坂本龍馬の伝説を復活させるということでした。こうして生まれたのが『汗血千里駒』です。

この小説を現代訳にした『現代語訳汗血千里駒・真龍馬伝』の訳者・金谷俊一郎は、口上で次のように述べています。

「この閉塞の世の中に龍馬を蘇らせたい。

これぞまさしく、死してすでに百五十年とならんとする現在においても、龍馬がかくもてはやされる由縁《ゆえん》であろう。この『龍馬を甦らせたい』との想いを最初に抱いた人物こそ、この一篇の原作者、坂崎紫瀾その人であった。

紫瀾が龍馬を蘇らせたいと思ったのは、明治十六（一八八三）年のこと。革命の志士が大志を抱き築き上げた明治政府が、まさに閉塞状況に陥っているその時であった。徳川幕府は、事なかれ主義に終始し、国家の利益を一切顧みようとしなかったため、革命の志士たちによって討幕の憂き目となった。しかしながら、その結果生まれた明治政府も、薩摩・長州出身者を中心とした藩閥による専制政治がおこなわれ、結局は、江戸幕府同然の旧態依然とした事なかれ主義の官僚国家に堕してしまっていた。

藩閥による専制政治の打破これを訴えた壮士による運動こそが、かの自由民権運動であり、坂崎紫瀾その人も、この自由民権運動に身を投じたる壮士の一人であった」

龍馬の従兄で、ともに江戸へ

『汗血千里駒《かんけつせんりのこま》』は龍馬をめぐる人々の物語とも言えます。土佐時代には、藩主・山内容堂や盟友・武市半平太《たけちはんぺいた》や近藤長次郎、ライバルから協力者となった後藤象二郎《しょうじろう》、そして海外情報をもたらした中浜万次郎などなど。江戸においては、剣の師である千葉定吉《さだきち》、そして生涯の師となった勝海舟《かいしゅう》と、キラ星のごとく志士たちの名前が登場します。

その中で、異色の人物として山本琢磨《たくま》の名が出て来ます。龍馬と同じく土佐藩士であり、龍馬の血縁に当たる琢磨は、武市半平太とも親戚関係にありました。坂崎紫瀾《しらん》は、この人物をある意味、龍馬の志を生き抜いた男の一人としてくわしく取り上げているのです。

「憎しみからは何も生まれない」というのが龍馬の生涯を貫いた思いでした。そうであるなら、後にキリスト教徒となり、愛と赦しの教えを命

駆け足出来事伝
沢辺琢磨とニコライ堂

元・箱館神明宮の宮司・沢辺琢磨（一八三四～一九一三）は、明治八年、日本正教会初の日本人司祭に任命された。奇しくも、この年、かつて沢辺が、その密出国を助けた新島襄が、京都に同志社を設立している。沢辺を導いたロシア正教会大司教のニコライは、明治十年に函館から東京にその働きの場を移し、明治二十三年に、正教会の日本における拠点として、東京復活大聖堂（ニコライ堂）

をかけて人々に伝え広めた山本琢磨はある意味で龍馬の志を継いだ男の一人と言えるのかも知れません。

山本琢磨は、きっすいの土佐藩士で、その生家は桑名氏です。幼名を数馬といい、坂本龍馬の従兄にあたります。龍馬の父は、八平直足といい山本家から出た人で、従って、龍馬と琢磨の関係は血筋の濃いものでした。

龍馬は、一八五六（安政三）年の夏に、土佐から江戸に剣術修行のため江戸に上り桶町にあった千葉道場に入って、剣術にみがきをかけていました。千葉道場は元々、剣豪・千葉周作が神田お玉ヶ池に開いたものですが、それとは別に、弟の定吉が桶町にもう一つの道場を開き、なかなかの評判をとっていたのです。江戸には、もう一つ、うわさの剣術道場がありました。浅蜊河岸に道場を構えていた桃井春蔵の士学館です。千葉道場が北辰一刀流であるのに対し、士学館は、鏡新明知流を教え、この道場では、同じ土佐藩士の武市半平太が塾監を務めていました。山本琢磨もこの道場で剣の修行に励んでいました。興味深いことに、琢磨は、武市半平太の親戚筋でもありました。龍馬は武市を先輩として尊敬

建築に着手、七年後に完成。

当初、沢辺は大聖堂建築より貧しい日本人聖職者の援助を優先すべしと建築計画に反対したが、建築費の全額がロシア正教会信徒の浄財であることをニコライから説明を受け後には全面的に協力をした。興味深いのは聖堂建設を国粋主義者たちが妨害した時、沢辺が工事現場に行くと、その元・剣豪の迫力に押されるように妨害者たちは逃げ去ったという。現在のニコライ堂は、関東大震災で旧聖堂が崩壊した後に再建されたもので国の重要文化財に指定されている。

していましたから、山本琢磨に対する二人の思いは、他とちがったものがあったと言えます。

一八五七（安政四）年八月四日の夜、その事件は起こりました。道場が休みの日だったのでしょう。琢磨《たくま》は浅草見物に出かけています。ところが、同伴した塾生・田郡村作八なる人物が問題でした。酔うと往来で他人にからむくせがあったのです。

その夜も、通りの向こうからやって来た、かっぷくのいい商人らしき男に、わざとつき当たり難癖をつけます。驚いたその男は、持っていたふろしき包みを投げ出して逃げて行ったのです。作八は、ふろしき包みを踏み砕いて中から小箱を拾い、琢磨と共に塾へ戻ります。

小箱の中には、珍しい外国製の懐中時計が二個入っていました。どう見ても七両か八両はする値打ものです。作八と琢磨は相談します。これを売って酒代にしよう。魔がさしたというべきか、数日後、琢磨はそれを持って浅草の古道具屋にと出かけて行ったのです。ちなみに、七両と言えば、今の貨幣価値で四、五十万円といったところでしょうか。貧しい土佐の下士（下級武士）にとって、のどから手が出るほどの大金だったはずです。「武士は喰わねど高楊枝」と言う言葉があるように、当時、地方から江戸に出てきていた武士たちは、藩から支給される本当に少ない手当で生活しなければならず、贅沢は許されていませんでした。まして遊ぶ金などなかったでしょう。琢磨は、わくわくする思いで道具屋の暖簾を潜ったにちがいありません。

道具屋は、現物を手にして驚きます。いわくありげな高価な品物です。実は、あとで分かったことですが、懐中時計の落とし主・佐州屋金八は、盗品が道具屋に持ちこまれる可能性を考えて手をまわしていたのです。道具屋は、機転をきかせます。「代金は当方から、品物と引き換えに差し上げるから、住所氏名を教えて欲しい」と琢磨の所在を聞き出したのです。被害者の金八は道具屋からの知らせを受けると鍛冶橋にあった土佐藩邸に駆け込んで事の次第を訴えたのです。

当時の江戸には、地方の藩の出先機関とも言うべき藩邸が多くありました。土佐藩でも、大名が泊る上屋敷（現在の東京国際フォーラムがある場所）、隠居した家老などが泊る中屋敷、そして藩士が身を寄せる下屋敷と藩士が上京した折、寄宿出来る施設を保有しており、千葉道場にかよっていた龍馬も、桃井道場にかよっていた武市半平太《たけちはんぺいた》や山本琢磨も、同じ藩邸で出会っていたのです。

ですから、事件の真相を龍馬も武市半平太もすぐに知ることとなります。武士が盗みを働くなど、それが事実であるとするなら事情がどうであれ切腹ものです。親戚である山本琢磨だけに、武市半平太は苦悩します。できれば助けてやりたい。しかし、やがて、土佐勤皇党を立ち上げ、新しい時代へ向けて、尊王攘夷の旗印を掲げて革命運動を起そうとしていた矢先の事件です。もし、琢磨を血筋故の温情で許せば、革命運動に傷がつくでしょう。

武市半平太は、苦渋のなかで、琢磨に切腹を命じます。しかし、それに異を唱えたのが龍馬でした。大河ドラマ「龍馬伝」では、この場面、「命の値段」というタイトルの回で、半平太と龍馬の息詰まるやりとりの場面が出て来ました。龍馬は言います。「いのちの値段はそんなに軽いものではない」と。武士の世界では、切腹は、武士としての矜持《きょうじ》を保つためのけじめの仕方でもありました。しかし、ドラマの中の龍馬は武士としての面子《めんつ》よりも、いのちの尊さを主張します。

小説『汗血千里駒《かんけつせんりのこま》』では、この場面が次のように描かれています。

「『これはただならぬことである。もし、琢磨《たくま》が幕府の手に渡ってしまえば、我ら同格の恥辱となることは必定。土佐藩の面目にもかかわることだから、急いで琢磨に割腹させるべきだ』と武市半平太《たけちはんぺいた》らを始めとして意見がすでに一致した。しかし龍馬は、『暫《しば》し』と押し止め、独りこれを拒んでこう言った。『今さら、琢磨に割腹させたところで、盗賊の汚名をはらすことはできない。琢磨を殺すことは無益である。むしろ琢磨に姿をくらまさせた方が良い。とにもかくにも、琢磨の命は、この龍馬にお預けあれ』と再三再四乞い求めたため、有志たちは龍馬の申し出を承諾することにした。」（坂崎紫瀾《しらん》著『現代語訳汗血千里駒・真龍馬伝』金谷俊一郎訳）

テレビドラマ「龍馬伝」では、龍馬が、夜陰にまぎれ、琢磨を小船で逃す場面が出て来ます。もう二度とここには戻ってくるな、と言い置きした龍馬は懐中にあった財布をそのまま琢磨に投げ与えます。ドラマを観ていて気になったのは、琢磨の逃亡資金です。ところが、下士は貧乏なもの、というのは龍馬には当てはまらなかったようで、この夜、琢磨に渡した財布の中にはかなりの大金が入っていたことが考えられます。というのも、坂本家の本家である才谷家は、元々は、土佐でも有数の豪商の家で、下士とはいえ、武士の位にあずかったのは、金に困っていた郷士（下士）からその身分を金銭で譲り受けていたという経緯があります。ですから、龍馬には実家から経済的援助を受けることができたのです。

逃亡生活、箱館へ

琢磨が、江戸から姿を消したのは、一八五七（安政四）年八月十五日の夜のことでした。事件が発覚して十日目のことです。

以後、琢磨の消息を知る者はいませんでした。龍馬も生前に、琢磨に再会することはありませんでした。後に、琢磨自身の証言から、江戸を逃れて後、あてどなく、東北地方を彷徨《ほうこう》し、その年の十一月頃には新潟に着いたことが分かりました。新潟には港があります。ある日、海を眺めながら、明日のことをぼんやりと考えている時、一人の若いサムライが声をかけてきます。彼は、外国船が入って来る箱館（現、函館）に行くべきだと言うのです。箱館こそ、君の未来がある、と聞かされた琢磨は、その青年と共に、箱館に渡ることを決意します。ちなみに、この声をかけてきた青年、後に日本郵政事業の父、と言われた前島密《ひそか》の若き日の姿です。彼は、箱館まで琢磨に同行しますが、そこで、別々の道を選びます。これはずっと後の話になるのですが、前島は、長崎に遊学、現地で働くプロテスタント教会の宣教師の元で英語と聖書を学んだという説もあります。

さて、青年たちが夢を抱いて渡った箱館です。どんな魅力のある場所だったのでしょうか。

一七九八（寛政十）年頃、徳川幕府は、箱館の地に蝦夷《えぞ》の警備のため津軽、南部両藩の兵を集め、ここを北海守備の要地としました。当時の志士たちは、この北海の要地に目をそそぎ、主として、東北出身の有為の人材が野心を抱いてぞくぞくと集まっていました。その職業も、武士のほか、医者、商人、神官、僧侶などあらゆる階層の人々で、当時としては、九州の長崎と同じように、非常に活気に満ちた港町だったのです。

一八五三（安政元）年のペリー来航は、日本の鎖国の眠りを醒ます一大事件でしたが、翌年に結ばれた、日米和親条約に基づいて、箱館は開港します。もっとも、この開

江戸末期の箱館港を描いた「奥州箱館之図」。中央左、山の麓にロシア領事館と教会堂。市立函館博物館蔵

港は、条約上の寄港地としての開港で、箱館が、横浜、長崎と共に、正式な国際貿易港として開港するのは、一八五九（安政六）年のことです。

この年に、アメリカから来日したヘボン、ブラウン、フルベッキらの宣教師たちが、日本におけるプロテスタント宣教の最初の開拓者たちとなったのです。

一八五四（安政元）年、日米和親条約が締結されましたが、続いて、徳川幕府はイギリス、フランス、オランダ、ロシアとも和親条約を結び、一八五七（安政四）年、琢磨《たくま》がやって来た頃の箱館には、ロシアからの船も入港していたのです。ちなみに、一八五三（嘉永六）年、ペリーの艦

隊が日本に来た時には、最初に沖縄に碇泊、交渉のため浦賀に行きますが、その後、ペリーの船団は、北に航路を向け、箱館にも入港、ペリーは上陸を果たし、現地の幕府の要人とも会見しています。

おそらく、一八五七（安政四）年の十一月頃でしょう。箱館に渡った琢磨の目に映ったのは、すでに、ロシアなどからの外国船が寄港し、異国情緒ただよう箱館の町の様子でした。これは、土佐藩士として、熱心な尊王攘夷論者であった彼にとって、違和感を覚える光景だったにちがいありません。それでも、この地で生きて行かなくてはならないのです。

箱館に何のつてもない琢磨《たくま》が、ここに定住できることになるのは、一つの事件がきっかけでした。箱館に着いて間もなくの頃、宿泊していた宿屋で、強盗事件が起こったのです。剣の達人でもある琢磨にとって、強盗の一人や二人、取り押さえることなど造作もないことでした。喜んだのは宿屋の主人です。お礼にと、近くにあった箱館神明宮の敷地に剣道場を建て、琢磨に剣術師範を要請したのです。この申し出は、仕事のない琢磨にとっても渡りに船です。彼は、それを引き受けます。

箱館の神明宮は、今は箱館山の北麓にある山上大神宮として知られますが、その創建は応安年間（一三六八〜七五）と古く、箱館を代表する神社の一つでした。由緒あるこの神社には、一つの問題がありました。当時の宮司には後継ぎとなる男の子がいなかったのです。神社の敷地に出来た剣道場で、見事な剣さばきを見せる琢磨の姿に惚れ込んだ宮司は、自分の娘の婿にと、琢磨に白羽の矢を立てます。

琢磨、宮司となる

箱館神明宮の神官職は代々、沢辺家が継いでいました。沢辺家の娘婿となった琢磨は、山本琢磨から、沢辺琢磨になります。結婚すると同時に神主になった琢磨ですが、後に、箱館神明宮・第八代宮司になっています。

神主になったからと言って、剣道の指南をやめたわけではありません。おもしろいことに、琢磨の剣術指南の評判を聞きつけたからでしょうか、当時、箱館にあったロシア領事館から、子どもたちに剣術を教えて欲しいという要請が来ます。領事館員の中に、日本の剣術を習いたいという者がいたというのです。琢磨は、それがきっかけで、ロシア領事館に出入りするようになります。

箱館という港町は、元々、歴史的にロシアと深い関係にありました。これは、開港以前の話になりますが、一八〇七（文化四）年に、日本の領土である国後《くなしり》の沿岸を測量していた一人のロシア人が捕えられ箱館に連行された事件が起きました。ゴロウニンというそのロシア人は、後に、『日本幽囚日記』という本を出しています。それには、箱館で監禁生活を送った時に見聞した出来事が詳細に記されていました。

この『日本幽囚日記』こそ、ロシア正教会の最初の派遣宣教師ニコライ・カサートキンに日本宣教への重荷を与えてくれた本でした。ニコライは、この本で日本のことを知ります。幕府や藩の役人がいかにゴロウニンに親切であったか、あるいは、この本に書かれていた日本国民の道徳や宗教についての記述もニコライに、「まだ本当の神さまを知らないで、石や木で出来たものを神として拝んでいる日本人にキリスト教の教えを伝えたい」という熱い思いを与えたのでした。

ニコライとの出会い

ロシア政府が、箱館に領事館を設けたのは、一八五五（安政二）年のことでした、その前の年に、ロシアは日本と和親条約を結んでいます。条約締結の時、日本側は、キリスト教の伝道を禁止する旨を条約に明記することを主張しています。これに対し、ロシア側は、自分が信じることを真実であると確信すれば、これを伝えたいと思うのは自然であり、それに同調するか否かは日本人の良心に関することである、と日本側の要求を拒否しています。

幕末に「箱館異国人物図」で描かれたロシア司祭とおぼしき人物。北海道大学附属図書館蔵

最初の領事イオシオ・ゴシケヴィッチは、神父の家系に生まれ、神学校を卒業した人物です。彼は一八五二（嘉永五）年から三年間、プチャーチン提督の随行員として日本で働き、再度、一八五八（安政五）年に箱館のロシア領事館員として赴任したのです。ですから、この宗教を重んじる領事の元、領事館にも小さな聖堂が設けられ、やがて、担当の司祭がロシアから派遣されるようになりました。軍艦付司祭のマアホフ神父です。しかし、この神父は病気のため、一年後にはロシアに帰国してしまいます。すぐに、ゴシケヴィッチ領事は、ロシア教会の聖務会院あてに神学大学の卒業生のなかから、領事館付きの司祭をひとり派遣して欲しいと要請したのです。

ペテルブルグ神学大学を卒業、ロシア正教会の修道司祭になったばかりのニコライが、日本の箱館領事館からの要請を受けて、領事館付司祭として箱館に赴任したのは一八六一（文久元）年のことでした。

「箱館に住み始めて、まず最初に関心があったのは、他でもない日本人がどのような信仰の持ち主かということであった。神社や寺を訪れて、いずれも清潔でよく整っているという印象を受けた。それでも、木や石で造った仏像に手を合わせ、狐を祭ったり、火や水を奉って拝することは、不思議でならなかった。ある神社を訪れたときに、人間の生殖器が祭ってあるのを見たのには驚いた。異様な雰囲気に抵抗があった。もちろん、日本人の誰もが生殖器を拝んでいるとは思わなかったが、こうした日本人のこころに、どうしても真の信仰をもたらさなければならないと思った」（高橋保行著『聖ニコライ大主教』）

来日してから、ニコライが日本を理解しようとする情熱はすさまじいものでした。日本語の会話はもちろん、丁寧語から俗語、古語から現代語まで、日本語は何でも記憶します。やがて、古事記、日本書紀、大日本史、様々な日本の文学まで目を通し、その内容を理解するようになったのです。それに加え、箱館を訪れていた儒学者、神官、僧侶などとも交わり、日本人の精神風土を支えるものが何かを学んでいます。ニコライは、寺子屋に通う子どものように、声をあげて復誦して漢字の音訓を学んだといいます。さらに、日本文化のルーツとも言える、論語、孟子の講義にも耳を傾け、その学びは儒教の経書、中国の歴史、哲学にまで及びました。

しかし、彼には悩みがありました。本来は、日本にキリストの福音を伝えるために来たはずです。宣教師ではなく、ロシア領事館付司祭という立場でしたが、彼の心の奥底には、領事館を出て、日本人に広く福音を伝えたいという思いがあったのは確かです。ところが、日本文化の研究に没頭する内に、その伝道の思いがだんだん薄らいで来るのを感じていたのです。来日して七年間は、そのような葛藤の日々を送りました。

箱館神明宮の神主・沢辺琢磨《たくま》がニコライの元を訪ねて来たのは、そのような葛藤の日々が続いている時でした。

沢辺は、一八六一（文久元）年にニコライが来日した頃には、すでに、ロシア領事館からの要請で、子どもたちに領事館内で剣道を教えていたと考えられます。そして、ある日、その領事館に赴任して来たニコライの存在を知ったのでしょう。元々、土佐藩士の琢磨は、親戚の武市半平太《たけちはんぺいた》に剣術の指導を受け、その攘夷思想にも大きな影響を受けていました。日本に外国が攻めてくるかも知れない、という危機意識を、当時の土佐藩士の多くが持っていました。これは、あの坂本龍馬も例外ではなかったのです。ただ、龍馬の場合、勝海舟《かいしゅう》との出会いから、世界と交流する必要を説く開明派へと変わって行きます。

残念ながら、箱館時代の琢磨は、旧態依然の攘夷派の教えに凝り固まっていたようです。しかも、当時は、キリシタン禁制の時代です。同じ外国人でも、特に、ニコライのような、キリスト教を日本に持ち込む人間は、日本の精神を破壊する元凶とさえ考えていたのです。

日本の精神である武士道をロシアの子ども達に教えることが出来るからと引き受けた剣道指南です。ロシア領事館を訪れるのもその目的のためだけでした。ところが、その領事館で司祭のニコライの姿を見ないわけには行きません。琢磨の怒りは日に日に募って行ったのです。

晩年のニコライ。ウィキペディア提供

ある日のこと、琢磨は、その答えの如何によってはニコライを斬る覚悟で、領事館を訪れます。形相を変えてニコライの部屋に押し入った琢磨は、荒々しい声で詰問します。

「汝の信ずる教法は邪教《じゃきょう》ではないか。汝は、我が国を窺《うかが》う者ではないのか」

ニコライは応えます。

「では、あなたは、ハリストス教のことをよくご存じなのですか」

琢磨《たくま》が知らないと言うと、ニコライはさらに問います。

「ハリストス教について知らないと言うなら、どうして、それを憎むべき邪教《じゃきょう》と言われるのですか。もし、知らないのであれば、それを調べて、その後に、それが邪教かそうでないかを決めるべきではないですか」。このニコライの問いかけに、琢磨は言葉を失います。確かに、言われる通りだ。自分は何も知らないで耶蘇教を批判している。琢磨は、道理を重んじる武士らしく、間違いを認めて言います。「確かにそうである。では、ハリストス教について教えて欲しい」。

ちなみに、「ハリストス」とは「キリスト」のことで、ロシア正教会やギリシャ正教会で使われている呼称です。

ニコライは琢磨にキリスト教の核心を語り始めます。聖書の最初の言葉「初めに、神は天と地を創造した」（『聖書』創世記1章1節）を引用しながら、真の神がいること、その神が万物を造ったこと、この世のものでひとつとして、その神によって造られないものはないことなど話し始めたのです。琢磨は、これまで聞いたこともない話に耳を傾けます。いつの間にか、彼は懐《ふところ》から紙と筆を出して要点を書き留め始めたのです。

当時、まだ日本語の聖書がなかった時代です。ですから、ニコライが引用した聖書は漢訳聖書でした。武士として、もちろん、漢文の素養があった琢磨です。その聖書の言葉の意味を理解できたはずです。

「この時の感動は、あとになっても、沢辺の脳裏に焼き付いて離れなかった。天地創造の神がいて、万物がその神によって造られているなどということは、今まで、聞いたことがない。一回の話では邪教かどうかは分からないと、神父のもとに正教の学びの為に訪れるようになった。聖ニコライは、日本に正教をもたらそう。沢辺は日本を救おう、という気持ちでいた。共に、火の玉のような情熱に燃えていた。聖ニコライの教えに耳を傾けるうちに、沢辺は、この教えこそが日本を救うと確信するようになった」（高橋保行著『聖ニコライ大主教』）

新島襄との出会い

沢辺琢磨にとって、ニコライとの出会いは、まさにその人生の針路を変えるほどの大きなものでした。聖書の真理にふれ、その人生に大きな変革を体験した琢磨ですが、やがて、どのようにして日本人最初の正教会の司祭になったかを語る前に、ここではもう一つの出会いの物語を紹介しておきましょう。

時は一八六四（元治元）年三月十二日、安中藩士・新島七五三太《しめた》は、ある決意を持って、品川から出航する快風丸に乗りこみました。行先は箱館です。元々、快風丸は、備中松山藩が文久二年に藩船として買った洋式帆船です。新島は、この船の初航海に航海術の実習を兼ねて、江戸と備中玉島港との往復に便乗したことがありました。ですから、この船が箱館に行く予定があることを聞いた時、かねてから秘かに考えていた計画を実行に移すことにしたのです。

それは、海外渡航という途方もない夢でした。海外に出るなら、新島が住んでいた江戸の近くには横浜港があります。しかし、法律を犯して日本を脱出するのです。警備の厳しい横浜港は余りにリスクが大き過ぎます。そこで、考えたのが箱館港でした。しかし、もし、見つかれば死罪を免れない密出国を新島はなぜ決意したのでしょうか。

函館正教会初代聖堂
函館ハリストス正教会所蔵

新島七五三太《しめた》が海外への道を求めた動機、それは、彼が聖書の真理に出会ったことにありました。幕府や国家以上の権威である、天の父なる神の存在を知ったからなのです。封建社会の矛盾に悩みノイローゼにまで追い込まれた時、友人の一人がくれた『漢訳聖書史』という本によって、彼は、新しい世界があることを発見します。彼の自伝にはこう記されています。

「私はそれらの本を綿密に注意して読んだ。私は一方では、懐疑を持ったが、一方では、恭《うやうや》しい畏敬の念に打たれた。私は以前学んだ蘭《らん》書によって、造物主の名を知ったが、『漢訳聖書史』に出て来る、神が天地を創造したという単純な物語を読んだ時ほど親しいものに感じられたことはなかった。私たちの住んでいる世界は神の見えざる手によって創造されたもので、偶然に出来たのではないことを私は悟った。私はその同じ歴史のなかに、神の別名が、『天の父』であることを発見した。それは、私の心の中に、今まで以上に神に対する畏敬の念を起した。なぜなら、神は単なる造物主ではなく、それ以上のものだと思われたからである。凡てこれらの本は、私の一生涯の最初の二十年の間、私から全く隠されていたものを、幾分おぼろげにではあるが、心眼に見させてくれた」(新島襄『わが人生』)

聖書の真理との出会いは、新島の心に、もっと深く知りたいという願いに高まっていき、さらにそれは、キリスト教を自由に信仰でき、封建社会でないアメリカへの憧れになって行きました。箱館行きは、海外脱出の夢をかなえる第一歩だったのです。

箱館に着いた新島七五三太《しめた》は、築島の近くにある讃岐屋という船宿に落ち着きます。箱館で最初に出会ったのが菅沼精一郎です。この長岡藩士こそ、新島にニコライと沢辺琢磨《たくま》を紹介した人物です。

かねてからニコライが日本語教師を求めていたことを知っていた菅沼は、さっそく新島をロシア領事館に連れて行き、ニコライに会わせています。一八六四（元治元）年五月三日のことでした。

ここで、初対面のニコライに新島は、海外渡航の夢を語ったようです。ニコライは、その情熱に共感しつつ、しばらくは箱館で英学を学んではどうかと薦め、日本語教師として新島を雇い、ニコライの邸宅に宿泊所を移す事としたのです。新島がニコライの家に世話になったのは四十日ほどだったようですが、その間、新島は日本語を教え、ニコライは英語を新島に教えています。後に、新島は当時のことを回顧して、「まだ日本語が十分でなかったニコライは、キリスト教については私にほとんど話さなかった。もし、その教えを十分に教えられていたなら、私は、アメリカでなく、ロシアに行っていたかも知れない」と語っています。

新島がニコライに日本語を教えている頃、菅沼精一郎は、紹介したい人がいると、一人の神主をつれて来たのです。箱館神明宮宮司の沢辺琢磨です。おそらく、最初に沢辺を見た時、なんで神主さんを自分に紹介するのだ、と思ったかも知れません。しかし、その頃、沢辺は神主の職

駆け足出来事伝

欧米使節団

一八七一（明治四）年十一月から一八七三（明治六）年九月までの実に一年半に及ぶ長い期間、明治政府は、日本からアメリカ合衆国、ヨーロッパ諸国に大使節団を派遣した。団長は全権大使の岩倉具視、副使には、伊藤博文、木戸孝允、大久保利通らが名を連ねた。

この使節団の目的は三つで、①それまで条約を結んでいたアメリカ、イギリス、オランダ、ロシアなどを訪れ、元首に国書を提出する。②江戸時代後期に諸外国

についてはいましたが、ニコライとの出会いから、天地万物を造られた神を信じ、堕落し罪人となったすべての人間を救うために、この世に救い主としてイエス・キリストが来たことも信じていました。ですから、神主として、神事で祝詞《のりと》をあげる時、祝詞の言葉に変えて、聖書の言葉を唱えていたと言います。これも、やがて発覚してしまい、宮司の職を追われることになるのですが、それは後の話です。

さて、沢辺が新島に会った時、お互いの人生観がまったく同じであることに驚いたのではないでしょうか。沢辺は、新島が真理を求めて海外渡航を計画していることに共鳴します。沢辺は、築島の英国人ポーターの商館に勤めていた日本人書記官の富士屋宇之吉（のちの福士成豊）、に新島を紹介します。そこで、新島は、宇之吉を信頼して、自分の海外渡航の計画のすべてを打ち明けたのです。

当時、密出国は、失敗すると死罪にもなりかねません。当人だけでなく、日本脱出を助けた者も重い処罰を免れません。しかし、宇之吉はこのリスクを負って、脱出の手はずを整えます。アメリカの貨客船ベルリン号の船長セーボリーは相談を受けた時、彼も、新島の夢の実現に一役買おうと決心します。

と結ばれた不平等条約の改正のための予備交渉。特に、③西洋文明の調査と学習。③の西洋文明の調査、吸収は、新しい国造りを模索していた明治政府にとって、深刻な課題であり、政治、経済、社会、法律、道徳など様々な分野で、この大使節団が持ち帰った成果が生かされるようになる。

特に、アメリカ、ヨーロッパ諸国の精神文化の基礎でもあったキリスト教に対する明治政府の無知が各地で露呈され、明治六年のキリシタン禁制の解除へとつながっていった。

現在の函館港、倉庫街の一角の岸壁のそばに「新島襄先生、海外渡航記念の碑」が建てられています。同志社大学と函館市が共同出資して建てた記念碑です。この場所から、宇之吉の導きで、小舟に乗り、沖合に停泊していたベルリン号に、変装した新島が向かったのは、一八六四（元治元）年六月十四日（陽暦七月十七日）の夜のことでした。

新島七五三太《しめた》は、後に、同志社を創設した新島襄（一八四三〜九〇年）です。ベルリン号で上海に渡った彼は、そこで、アメリカ行きのワイルド・ローヴァー号に乗り換えます。敬虔なクリスチャンであったテイラー船長は、彼に英語の聖書を贈っています。アメリカでは、船主アルフィーア・ハーディーの援助で、アマースト大学に入り、その間、アンドヴァーの教会でキリスト教の洗礼を受けた新島七五三太《しめた》は、アメリカ人から「ジョー」の愛称で呼ばれ、そこから、名前を新島襄とします。

一九七二（明治五）年、彼が、アンドヴァー神学校で牧師となるべく勉学に励んでいた頃、ワシントンに到着した岩倉具視《ともみ》を団長とする欧米使節団は彼を通訳として招請しました。特に、聖書を土台とし、人間を育てるという彼の教育論は、欧米使節団の田中不二麻呂《ふじまろ》や、木戸孝允《たかよし》らに大きなチャレンジを与えました。

欧米使節団がワシントンを訪れた時、アーリントン・ホテルで、新島襄が文部次官の田中不二麻呂に、三時間にわたり、熱く語ったスピーチの内容が今も残っています。これを読むと、これからの日本の国造りに、聖書の真理がどうしても必要だ、とする新島の熱い思いが伝わってきますし、これが、時代を越えて、混迷する現代社会への問いかけになっていることに驚かされます。

「日本政府は、人民に道徳的原理を教えるために、何等かの手段を備え、又は何等かの人物を容《い》れなければならない。教育だけでは有徳な人間を作るに足らず、理知哲学や道徳哲学も同じである。私は人々がプラトーの哲学または孔子の書物を研究して有徳になった例を知らない。然し、これに反して、キリスト教には人々を自由にし強くし、有徳にする力がある。徳を愛する人間こそ、実に、真の人間であって、その人は自らを管理する方法を知っている。もし、日本人の各々が自らを管理する方法を知れば、政府は全国のあちらこちらに探偵を置く必要はなくなるであろう。もし、全国民が真理と徳を愛すれば、自治が行われて、政府の面倒はなくなるであろう。国民の力は畢竟《ひっきょう》、彼らの徳と敬虔《けいけん》の力である。或る人々は、キリスト教を単なる方便《ほうべん》として利用する。しかし、それでは、真の宗教とは言えない。キリストには真理がある。私たちは真理を真理としてとるべきであって、単なる方便とすべきではない」（新島襄『わが人生』）

アメリカに密入国してから十年が経ち、新島襄は、アメリカン・ボードという宣教団体が派遣するキリスト教の宣教師として帰国しますが、一八七五（明治八）年には、京都の地にキリスト教主義の同志社英学校を建てることになります。

ちなみに、二〇一三（平成二十五）年のＮＨＫ大河ドラマ「八重の桜」は会津戦争で活躍した〝会津のジャンヌ・ダルク〃山本八重の生涯を描いたものですが、この八重が京都に行き、キリスト教の洗礼を受け、結婚した相手が新島襄です。

沢辺琢磨の洗礼

人生は出会いで決まると言われます。おそらく、沢辺が、最初に出会ったキリスト教徒がニコライでなかったなら、正教会の教えに熱心になるのには、もっと時間がかかったかも知れません。沢辺は、高潔なニコライの人格にふれ、その語る言葉の真実性を感じ取って行きます。特に、ニコライが引用する聖書の言葉は、本当の神がどのような存在であるかを明らかにしたのです。

神道では、「万物に神宿る」と考えます。もっとも、その神は「絶対者なる神」というわけではありません。すべてのもの、木にも石にも、人にも、それぞれに神が宿るというのです。そして、人は死ぬと誰でもが神となり祖先の元へ帰っていくというのです。こうして神となった人は、同じように神になった祖先の集合である「氏神」になって近くの神社に祭られる、というのが日本の神道の内容と言えます。ですから、神道には教理というものはありません。

それに対し、ニコライが聖書を開いて語った、聖書に出て来る「神」はどうでしょうか。その方は、創造主と呼ばれ、天の父とも呼ばれる絶対者です。天地万物、すべての存在するものは、この創造主である神が造られ、人間は、その中でも、最も価値あるものとして神が愛の対象として造られた存在であると聖書は語るのです。

しかも、この創造主なる神は、人間をその罪から救うために、キリストをこの世に遣わした。歴史的事実としてキリストは十字架につけられ、人間の罪の身代わりとして死に、三日目に復活した。そのキリストを救い主と信じる者に神は永遠のいのちを与えてくださる——。このキリスト教の救いの教理に沢辺は驚嘆します。

「神は、実に、そのひとり子をお与えになったほどに、世を愛された。それは御子（キリスト）を信じる者が、ひとりとして滅びることなく、永遠のいのちを持つためである」（『聖書』ヨハネの福音書3章16節）

この聖書の言葉の真実性に納得した沢辺は、神主という身分ながら、人々に本当の神がどういう存在であるか、神の愛がどれだけ大きいか、そして人を救いうる名は、イエス・キリスト以外にはないことを、熱心に伝え続けたのです。

しかし、神官の家に養子に入って、攘夷論の旗を高くかかげていた沢辺がキリスト教を他人に説くようになれば、「気がふれておかしくなった」と思われてもしかたがありません。人のうわさを気にする日本人の性格です。まわりの者たちを敵にまわすようになることも沢辺は覚悟していました。ことに、神主の妻であった義母は、大の外国人ぎらいで、キリスト教にたいしては、偏見から来る嫌悪感を抱いていました。たとえ、義理の息子であっても、沢辺がキリスト教信者になったら、役人に通告することも辞さなかったのです。なにせ、当時はキリシタン禁制の世です。もし、奉行所に通告されでもしたなら、沢辺は厳しい取り調べを受け、極刑も免れない状況がありました。

箱館の医師で酒井篤礼《とくれい》という人がいました。この人は沢辺と親交があり、沢辺から正教の信仰を薦められますが、酒井は温厚で思慮深い人でしたから、沢辺の力だけでは、どうしても説得出来ませんでした。酒井と沢辺の宗教に関する論戦は一年以上に及びます。ついには、酒井はニコライの元を訪れ、直接、信仰の話を聞くようになったのです。

国情はまことに混乱していました。一八六七（慶応三）年、将軍徳川慶喜は、政権を朝廷に奉還し、遂に王政復古が実現したのです。この年の十一月十五日、京都の近江屋で、坂本龍馬と中岡慎太郎は、京都所司代の命で刃を向けた京都見回り組の志士によって、暗殺されます。新しい時代がやって来ようとしていました。龍馬はどのような思いで、最後の息を引き取ったのでしょうか。もちろん、江戸で救い出した山本（沢辺）琢磨《たくま》が，そのころ箱館の地で新しい人生を歩み始めていたなど知る由もありませんでした。

一八六八（明治元）年四月、当時、迫害を逃れて身を隠していた沢辺琢磨《たくま》らは、秘かにニコライの宿所を訪れ、キリスト教の洗礼を受けることを願い出ます。洗礼は、ニコライ師の部屋で秘かに行われました。部屋の外には、領事館付きの読経者サルトフを見張りに立たせ、ニコライ師一人で洗礼を行いました。その時、洗礼を受けたのは沢辺琢磨の他に、医師で沢辺の友人でもあった酒井篤礼、そして、沢

パウエル沢辺琢磨神父。函館ハリストス正教会所蔵

辺が信仰に導いていた南部藩士・浦野大蔵の三人です。

洗礼式は、誰に気づかれることもなく、無事に終わりました。それは、一八六八（明治元）年四月のことで、日本における正教会最初の洗礼式です。この当時、日本はいまだキリシタン禁制が行われており、この三人の行動は、命を賭しての決断だったのです。

洗礼を受けた後、三人はそろって箱館を去ります。酒井は故郷の奥州・金成へ、浦野は奥州閉伊郡金沢に、沢辺は一時、浦野の家に身を寄せ、その後、江戸を目指しますが、時はあたかも戊辰戦争の只中で、江戸への道は閉ざされ、やむなく箱館にもどっています。

一八六九（明治二）年、来日して八年目となったニコライは、一時ロシアに帰国します。新しい時代を迎えた日本に本格的な伝道の好機が訪れると考えたニコライは、日本の伝道を支える組織をロシアに設立することを決意したのです。

ロシアに着いたニコライは、できるだけ多くの人々に会って、日本の現状を報告し、三人の日本人がキリスト教の洗礼を受けた事実を伝えた時には、現地の人々は大きな感動を受けたのです。翌年には、日本における伝道団体の首長に任じられました。当時の方針では、四人の修道司祭をロシアから迎え、江戸、京都、長崎、箱館の要地にそれぞれ配属する計画もありましたが、残念ながら、この計画はとん挫し、続いて、日本における正教会の伝道はニコライ一人の肩にかかってきたのです。ただ資金面では、ロシアから、毎年六千ルーブルが送られてきました。一ルーブルは現在のレートで四百円です。

一方、日本に残った沢辺琢磨《たくま》ら三人の信徒は、盛んに伝道布教活動を行っていました。このころ、仙台以南の東北諸藩は戊辰戦争に敗れ、幕府の脱走兵と一緒になって再起を図ろうと仙台にやって来ていました。これらの人々の中に、仙台藩の回天隊長・金成善衛門という人物がいました。箱館で沢辺の名声を聞き、沢辺を訪れたのです。そこで、金成は新しい時代を拓く人材にとってキリスト教こそ大切であることを、沢辺から聞き、仙台で政治的再起を図る仲間達を説得します。

幕藩体制が音をたてて崩れ去ろうとする時、沢辺琢磨は、賊軍として追われる立場の旧幕臣たちに、これまでと全く異なる「人生の生き方」を伝えます。それは、「私が道であり、真理であり、いのちなのです」と言われたイエス・キリストを自らの救い主と信じ、人生の主として生きる、ことでした。

小説『汗血千里駒《かんけつせんりのこま》』には、数奇な運命をたどった沢辺琢磨について、次のように記されています。

明治時代のニコライ堂。周囲にはまだ高い建物がない。
国立国会図書館提供

「琢磨はこれより雁の鳴く北陸道の雪深き場所に移り住んだ。しかし、間もなく船に乗り箱館に渡り、北海道の奥深くわけ入って種々様々の難行苦行に身を尽くしているうち、ふとロシア・ギリシャ正教の宣教師ニコライ氏に巡り逢い、キリスト教の福音に熱心に帰依するようになった。琢磨はニコライ氏に従い、日夜経典を研究しているうちに、遂に神とキリストと聖霊が一体であるという三位一体の秘奥までをも体得した。その学識、日一日と精進していったため、遂にはニコライ氏の片腕とも頼まれる様になった。

琢磨は、澤辺琢磨と改名し、奥羽地方で伝道をおこなうようになった。琢磨は弾圧を受け、しばしば警官に捕縛され尋問されたが、たとえ縄つきの状態でも怖じけず臆せず、警官に向かいイエスの功徳を述べ続けた。その様子、普段の説教と何ら変わることなく堂々としていたため、警官もひそかに彼の意志の強さには感心したほどである。

琢磨は今、東京駿河台にあるロシア公使館付属の地の礼拝堂であるニコライ堂に寄宿し、およそ三年前、故郷である高知の潮江村にも帰省したという」（坂崎紫瀾《しらん》著『現代語訳汗血千里駒・真龍馬伝』金谷俊一郎訳）

一八七五（明治八）年、沢辺琢磨は、日本最初の正教会司祭となりました。奇しくも、この年に、新島襄が京都で同志社を設立しました。

以降、琢磨の人生は文字通り「愛と赦し」を人々に伝える伝道の日々で、一九一三（大正二）年に東京で息を引き取るとき、彼を看取ったのは、信仰を受け継いだ長男の司祭・沢辺悌太郎でした。

第三章・坂本直寛の生涯

龍馬の遺伝子

坂本龍馬が暗殺されて十六年後の一八八三（明治十六）年、龍馬の波乱の生涯を描いた新聞小説「汗《かん》血千里駒《けつせんりのこま》」が高知県の地方紙「土陽新聞」に連載され大きな話題を呼びました。最初の龍馬ブームと言えるかも知れません。

ところで、土佐の自由民権運動の旗振り役を務めていた「土陽新聞」は当時、発行停止などの弾圧をたびたび受けていました。自由民権運動自体、あいつぐ政府の弾圧や懐柔によってその輝きを失っていた時期でもあったのです。そこで登場したのが「汗血千里駒」です。社説や論説などで自由民権運動の主張を発表できなくなったため、作者の坂崎紫瀾《しらん》は、小説の形でそれを人々に訴えようとしたと言われています。幕末の坂本龍馬の行動を、土佐藩で激しかった武士階級内での差別を生む構造との戦いとして描いている点など、その意図は明らかです。そして、龍馬の意志を継ぐものとして、当時の代表的自由民権運動家であった坂本南海男《なみお》を、最終章で登場させているのです。坂本南海男とは旧姓・高松南海男、後の坂本直寛《なおひろ》です。

「坂本の家督を継いだ小野淳輔《じゅんすけ》は、龍馬の甥で、高松太郎という者であった。現在は宮内省に奉職している。ちなみに、この淳輔の実弟、南海男は、龍馬の兄権平の家督を継いで坂本と名乗ったが、早くから立志社の一員となって四方に遊説し、人民卑屈の瞑夢《めいむ》を喝破するに熱心である様子、すこぶる叔父

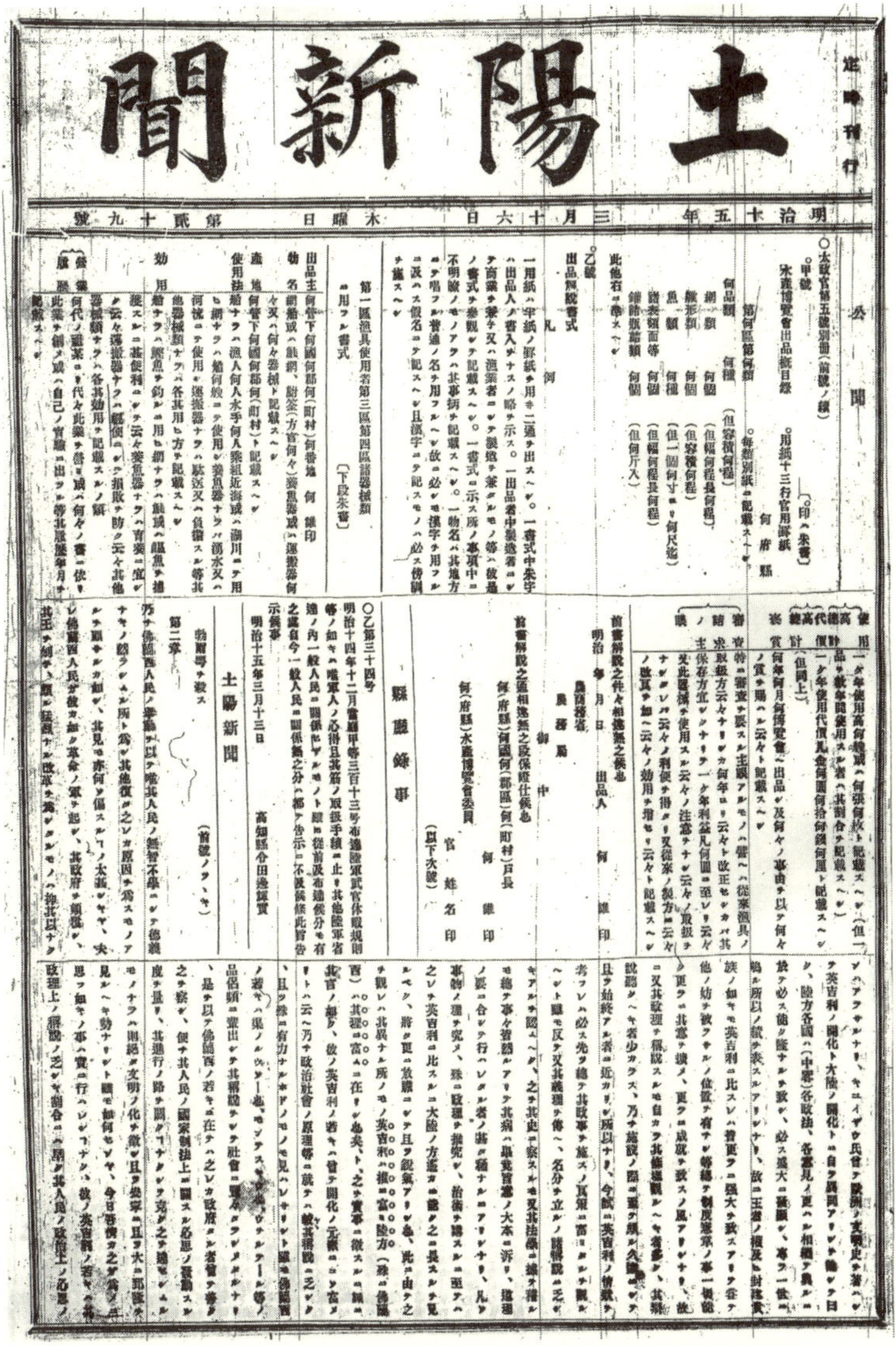

定時刊行

土陽新聞

明治十五年三月十六日　木曜日　第貳十九號

明治15年3月16日発行の「土陽新聞」。高知市立自由民権記念館蔵。

龍馬その人の典型を遺伝したるようであり、ある者は、坂本南海男をナポレオン三世になぞらえる程である」（坂崎紫瀾《しらん》著『現代語訳汗血千里駒・真龍馬伝』金谷俊一郎訳）

一八六七（慶応三）年、坂本龍馬が、京都の近江屋で暗殺されたとき、甥の高松南海男《なみお》は十四歳の若者でした。龍馬の実姉千鶴が南海男の母親にあたり、海援隊でも活躍した高松太郎は南海男の実兄に当たります。父親の高松順造は、土佐でも儒学者として知られた人で、当時は、キリシタン禁制の時代であったにもかかわらず、密かに漢訳聖書を手に入れ、それを若者たちに教えていたという説もあります。龍馬にとっても、姉・千鶴の嫁ぎ先の高松家は心休まる所だったらしく、しばしば、龍馬がそこを訪れている記録も残っています。

南海男は十七歳のとき、龍馬の兄にあたる伯父の坂本権平の養子になり坂本姓を名乗り、後に、坂本直寛《なおひろ》となります。十九歳のときには、当時、三十歳の兄の太郎が、坂本龍馬の名跡を継いで坂本直と改名しています。これを見ても、兄弟二人にとって、いかに龍馬の存在が大きかったかが推測されます。

明治十年代、土佐の自由民権運動は、板垣退助らが設立した立志社が母体となりましたが、坂本直寛は、同社の若手運動家として、政治運動の理論と組織面を担っていました。彼の言論活動は、主に「土陽新聞」や「高知新聞」などに政治論調などを寄稿して、明治政府の専制政治を批判、初期の自由民権運動を熱く指導していたのです。

驚くことに、日本で最初に「男女同権」を唱え運動したのは、土佐の若手政治家たちだったと言われています。一八八〇（明治十三）年、坂本直寛は同志の小島稔とともに、婦人参政権運動を展開し、土佐の上町という限られた地域においてではありましたが、世界的にも数例しかなかった時代に婦人参政権を高知県令に承認させたのです。

土佐発、自由民権運動

一八七四（明治七）年、当時の薩長藩閥政治に対する批判が高まるなか、元・土佐藩士の板垣退助、後藤象二郎《しょうじろう》らが立ち上がって、民撰議院設立建白書を政府に提出、これがわが国の自由民権運動の口火となりました。

坂本龍馬の故郷、土佐（高知県）から自由民権運動が起こったということは、自由を求め続け志半ばで凶刃に倒れた龍馬の遺志が受け継がれたということでもあったのでしょう。

自由民権運動は、薩長藩閥政治に対し、憲法の制定、議会の開設、地租の軽減、不平等条約改正の阻止、そして言論の自由や集会の自由などの保障を求めるものでしたが、その実を見るまでは、十六年後の一八九〇（明治二十三）年、帝国議会開設までの長い道のりがありました。

明治十年代、土佐の自由民権運動は、板垣退助や片岡健吉らが設立した立志社が母体となりましたが、坂本直寛は立志社で学んだ後、同社の若手運動家として政治運動の理論と組織面を担うことになります。

彼の言論活動は、主に、「土陽新聞」や「高知新聞」などに政治論説を寄稿し、明治政府の専制政治を批判、初期の自由民権運動を熱く指導したのです。

ところで、自由民権運動と言えば、「板垣死すとも自由は死せず」という劇的な名言が知られています。これは、この運動の発起者の一人、板垣退助が一八八二（明治十五）年三月十日、遊説先の岐阜で暴漢に襲われたときに発したものと言われていますが、そのとき、板垣は胸部を刺されたが屈せず、刺客の短刀を奪おうとしてもみ合っているうちに、駆けつけた随行員が刺客を捕えています。板垣を襲った犯人は愛知県の小学校教員で、自由民権を唱える板垣を国賊と思い込んで凶行に及んだと言うのです。板垣は一命を取り留めますが、この事件は、日本に民主主義が実現するまでにいかに多くの生みの苦しみがあったかを象徴する出来事として人々の記憶に留められることとなりました。

板垣退助は、福沢諭吉が紹介した西洋の自由思想やキリスト教に大きな影響を受けたと言われますが、

立志社風景。高知市立市民図書館蔵

立志社設立の目的もその西洋思想を徹底的に学ぶところにあったようです。当時の生徒たちは、ベンサムの法理書、ラッセルの政体論、ミルの『自由之理』(『自由論』)、ギゾーの『ヨーロッパ文明史』、ウェーランドの『修身論』などを、あるものは原書から学んでいるのです。坂本南海男《なみお》(直寛《なおひろ》)の英語読解力は優れており、当時、まだ翻訳されていないハーバート・スペンサーの『社会静論』などの原書を取り寄せ英国政治思想の吸収に努めています。

坂本直寛の孫で、龍馬研究家として知られる土居晴夫氏は、坂本直寛が、最初に聖書の真理にふれたのは父・高松順蔵が漢訳聖書をもっていたからだろうと述べていますが、その著『坂本直寛の生涯』(リーブル出版)の中に、こんな一文があります。

「南海男は英学を志して学び始めたころ、実父高松順蔵は〝西の洋千里八重波かきわけて　身の光そふ玉拾わなん〟を詠んで、激励した」

立志社の活動

土佐における自由民権運動の炎は立志社による啓蒙活動によって燃え上がりました。その運動の方法は各地での演説会と「土陽新聞」や「高知新聞」などに論陣を張るというものでした。演説会では、創立者の板垣退助が壇上に立ち、若き坂本直寛も熱弁をふるいました。

興味深いことは、ロシヤ正教会の宣教師ニコライに導かれて回心、後に、日本正教会最初の日本人司祭となった沢辺琢磨も一八七五（明治八）年に立志社主催の演説会の講師として招かれているのです。第二章で紹介したように、沢辺琢磨は旧姓を山本といい、坂本龍馬の父方の親戚に当たる人物です。

　この沢辺が二十年ぶりに郷里の高知の土を踏んだとき、彼はすでに日本最初の正教会司祭の肩書を持っていました。沢辺の耶蘇教演説会に坂本直寛《なおひろ》が参加したかどうかは分かりませんが、そこは立志社主催の演説会です。直寛も出席して遠い親戚に当たる沢辺の回心のあかしを聞いた可能性が高いでしょう。最も、当時、キリスト教に深い理解を示し沢辺のような教職者を招くことに熱心だった板垣退助も、キリスト教を信仰の対象と見るより日本の建国のためにキリスト教を利用するという思惑が強かったようです。ですから、直寛が、沢辺の演説を聞いたとしてもキリスト教の核心に触れたとは言い難く、後に、自らのキリスト教の印象を次のように語っています。

明治 25 年に起きた衝突を描いた「高知県民吏両党の激闘・斗賀野合戦」。高知市立自由民権記念館蔵

「板垣退助伯が欧州視察を終えて帰国し、キリスト教が文明諸国において勢力を占めているという話を聞き、キリスト教を我が国でひろめることは、外交政策上もっとも都合が良いだろうと思うようになったが、それでも、自分自身がキリスト教を信仰する気持ちはどうしても起きなかった」（土居晴夫著『坂本直寛・自伝』）

キリスト教宣教師、高知へ

一八八四（明治十七）年、板垣退助、片岡健吉ら、土佐における自由民権運動の指導者たちの斡旋で、東京から、アメリカのオランダ改革派教会のG・F・フルベッキ宣教師、日本基督教会の植村正久牧師など当時のキリスト教界を代表する指導者たちが大挙して高知県を訪れました。すでに、土佐の自由民権運動では、一八七八（明治十一）年に板垣退助が斡旋して、アメリカン・ボードのJ・L・アッキンソン宣教師を高知に招き、同宣教師は京町の演説堂で説教し、大量のキリスト教文書を配布しています。それから六年後、プロテスタント教会の牧師や宣教師が大挙して高知入りした背景には、自由民権運動の行き詰まりがありました。板垣退助はキリスト教の精神を取り入れ運動の活性化をもくろんだのです。

その意味で、一八八四（明治十七）年という年は、土佐の自由民権運動にとっても、高知のキリスト教宣教にとっても分岐点となりました。ここに、この時代の状況を的確に伝える資料があります。日本伝道の歴史についての著書のあるW・インブリー宣教師は、当時の高知伝道の様子を次のように報告しています。

「一八八四年の秋、自由党総理板垣退助候は東京にいました。彼はそこで日本キリスト教会の牧師たちと出会い、……牧師たちの代表団を自分の……郷里高知市に招いたのです。……維新前はこの藩は、保守主義と外国人への不信感とで有名なところでした。しかし維新以来は、ここはリベラルな考えの中心になりました。為すべき最初の事は、公正に聞いてもらうことでした。そしてそのことは板垣退助候の影響力のお陰で果たされました。……準備万端が整ったとき、一連の公開の集会が劇場で行われました。……しばしば六つの講演が続けざまになされたりしました。……講演題はある場合は宗教と関係があり、ある時は関係がありませんでした。教育、婦人の教育、霊魂の不滅、宗教の重要性、神の存在とその人格性、こういったものが選ばれた主題のなかにありました。……講演は盛況で、……思想は目醒めさせられ、求道が始まりました。結果的にはかなりの数の人々が講演者と直接会いたいと求めてきました。……そこでクラス毎の特別の連続集会が準備されました。一つのクラスは、……次のような事柄の情報を求めたのです。即《すなわ》ち大統領と議会と最高裁の三者の関係について、上院と下院の機能について、税制と自由貿易、保護貿易のこと、公立学校制度について、アメリカにおける農家の地位についてなどです。……二番目のクラスは、宗教上の問題に関して、次のような質問が出されたのも当然でした。〈人は霊的本性を持っているか〉〈神を創造者と言うとき、物質は永遠不滅でないとどうして証明出来るのか〉……〈神は善であると言われるが、この世界は苦痛と苦しみに満ちているではないか〉。……このたぐいの質問はどうしてもこのような会合の性質をもっぱら弁証論的なものにしました。そのため、聖書を直接学ぶ集会が他に用意されました」（『高知教会百年史』）

坂本直寛《なおひろ》にとっても、それまで、客観視していたキリスト教に次第に心惹かれる転機が訪れようとしていました。

一八七六（明治九）年に来日したジョージ・ウイリアム・ナックスは、アメリカ長老教会派遣の宣教師です。同じ宣教団体からは、一八五九年にヘボン博士が横浜に着任しています。

そのナックスが高知に来たのは、フルベッキやタムソン、植村正久らと同じく、一八八四（明治十七）年のことで、他の宣教師らと共に、劇場でのキリスト教演説会の説教の他、求道者宅や宿舎で聖書を講義するなど、高知における伝道に情熱を燃やし先頭に立って働いたのです。彼はフルベッキと同じように日本語に堪能で、日本の歴史・哲学・宗教思想を深く理解していたことから、旧土佐藩のサムライたちと、対等に宗教について信仰について議論することが出来ました。

坂本直寛にとっても、ナックスの存在は大きなものでした。とは言え、最初は、外国人に教えを乞うことに直寛は相当抵抗があったようです。

直寛はナックスと三日三晩、議論します。そして、キリスト教の倫理観に心惹かれるものがあり、キリスト教を研究することを決意するのですが、それはあくまでも研究であり、求道心があったわけではありません。ですから、風雨の強い夜などは宣教師の宿舎を訪ねるのが億劫で、訪問を怠けようとする気持ちと懸命に戦ったようです。しかし、彼にもサムライの血が流れています。いったん外国人と約束しながら、それに背いて訪問を怠るなら武士の名が廃《すた》るというものです。従来、ともすれば、日本人が外国人の信用を失うのは、軽はずみに約束を破るからだ、と考えていた直寛は、とにかく忍耐して、宣教師訪問を続けました。

当時、高知には、キリスト教会はなく、二か所で、信徒求道者の集会をしていました。日曜日は、中島町の森武興邸に一般の男女が集まり、木曜日は宣教師の宿舎や片町の東野邸に直寛《なおひろ》ら、政治家たちが集まりました。この木曜日の集会では、聖書講義だけでなく、日米の政治、社会の問題も話し合ったようですが、日曜の集会に行かなかった理由を、直寛は「講義所に行って婦女子と席を同じくして、おかしな声で讃美歌を歌うのは耐え難く、恥ずかしかったからである」と自伝の中で書いています。

これが、一八八四（明治十七）年当時の直寛のキリスト教研究の状況です。しかし、翌一八八五（明治十八）年五月十五日、直寛を始めとして、立志社のメンバーを含む十三人の男女が、突然、ナックスから洗礼を受けたのです。一体何があったのでしょうか。

後に、直寛自身「あの洗礼はおかしなものだった」と回顧していますが、とまれ、このときに高知教会が誕生したのです。

坂本直寛の洗礼

坂本直寛が洗礼を受けたのは明治十八年五月十五日のことでした。この日、洗礼を受けた者は十三人、

高知教会：最初の教会堂（明治 21 年竣工）と多田牧師（右上）。『高知教会百年史』より

高知教会：最初の教会堂での礼拝風景。『高知教会百年史』より

後に衆議院議長となった片岡健吉もその中の一人です。直寛の自伝にはその間の事情についてこう記されています。

「聖書を学ぶようになって、キリストの教えについては早くからよくわかり感心したけれども、その奇跡に関しては容易に理解できなかった。そのうちに植村正久牧師が高知に来られたので、同師からも聖書の講義を受け、ナックス宣教師が再び来高されると、また引き続いて教えていただいた。ようやくキリスト教信仰のいとぐちを開いたのである。それでもなお講義所に行かないで、宣教師の宿舎を訪問するだけにとどめていた。講義所に行って婦女子と席を同じくして、おかしな声で讃美歌を歌うのは耐え難く、恥ずかしかったのである。当時、志を同じくする者たちと、別の場所で集会を持とうと思ったこともある。しかし、そのようなおかしな考えもいつしか消え失せ、ついに、明治十八年五月十五日を以て、ナックス宣教師からバプテスマを授けられるに至った。ああ、多年神にも人にも下げたことのないごう慢な私の頭は、この日ついに聖なる水をこうむったのである。神の愛はなんと深いことか」（土

壮年時代の坂本直寛。『坂本直寛の生涯』（リーブル出版）より

居晴夫編『坂本直寛《なおひろ》・自伝』)

この日は金曜日ですが、洗礼式は午後八時から森武興邸で行われています。男女十三人がナックス宣教師から洗礼を受けたと記録に残っていますが、その中に、直寛の他、片岡健吉、西森拙三ら政治家がいました。また、後に、北海道に渡り聖園教会を創設した武市安哉《たけちあんさい》も洗礼を受けています。聖園教会は、日本基督教会に属する群れとして、今も浦臼《うらうす》の地に信仰の灯を守り続けています。

とまれ、この日、森邸を仮会堂として、ミラー宣教師を仮牧師として高知教会が誕生したのです。

しかし、直寛らの受洗については、手放しで喜べないような事情があったようです。直寛の孫に当たる土居晴夫氏は、著作『坂本直寛の生涯』のなかで、こう記しています。

「家伝来の宗教を捨てて外来の宗教に転向するのは、当時としては大きな勇気を振るったであろうが、直寛は魂の救済を神に求めたのではない。つまり福音的に神を信じたのではなく、キリスト教的世界観、人生観、ないしは倫理観を、自己のそれよりも優れていると認め、キリスト教を理論的に受容したのである。

これは直寛だけでなく、片岡健吉、西森拙三、それより少し遅れて山田平左衛門、武市安哉、細川義昌ら、自由民権運動に携わってきた人たちに共通する入信の動機だったのではないだろうか」

実は、直寛自身、後にこんなことを書いているのです。「当時を回顧すれば、私が洗礼を受けたのはおかしなものであった。信仰心は実に薄弱で、人前では、祈祷ができず、家に居ても心からの祈りをささげることができなかった」(土居晴夫著『坂本直寛の生涯』)

一八八六（明治十九）年一月、坂本直寛《なおひろ》は、武市安哉らと共に、高知県会議員に再選されます。この年の直寛の県会議員としての活動を見てみると、当時、高知県ではいかに政治の世界にキリスト教の影響が強かったかが伺えます。土居晴夫氏が「直寛は魂の救済を求めたのではない。キリスト教的世界観の優れた所を認めキリスト教を理論的に受容した」と書いていますが、政治集会では、キリスト教的世界観の優れたところを、政治家として堂々と披瀝《ひれき》しているのです。自由民権運動を標榜する政治団体・立志社の協力でキリスト教演説会が開かれるという、今では考えられない出来事が高知では起こっていました。

日本最初の婦人参政権

この年の三月一日、高知の女性有志が直寛の自宅に参集して、婦人交際会が発足。これは土佐における最初の近代的な婦人会で、片岡健吉夫人、山田平左衛門夫人、富永らく、直寛の妻鶴井らがメンバーとなっています。この会は後に、婦人興風会に改められましたが、直寛は、男女

駆け足出来事伝

婦人参政権

一八七八（明治十一）年、高知県上町に住む楠瀬喜多という女性が、「戸主として納税しているのに、女だから選挙権がないというのはおかしい」と高知県に抗議、県には受け入れられず、喜多は内務省に訴えた。一八八〇（明治十三）年、三カ月に渡る上町町会の運動の末、県令が折れ日本で初めて、戸主に限るが女性に参政権が認められた。

上町は、坂本龍馬の故郷であり甥で自由民権運動

平等の立場で、婦人の権利を勝ち取る様々な政治活動にも貢献していま す。その最も大きな働きは、この六年前の一八八〇（明治十三）年に実現した婦人参政権運動でしょう。

この年、同志の小島稔と共に、婦人参政権運動を展開し、土佐の上町という限られた地域においてではありましたが、世界的にも早い時期に婦人参政権を高知県令に承認させたのです。この婦人差別の撤廃というスピリットは、後に北海道に於ける旭川遊郭廃止運動や、婦人矯風会員の指導にも生かされたと言われています。

また、立志社における直寛の言論活動のなかで、歴史的評価をされているのが、「日本憲法見込案」の起草に参加したことです。直寛も参画した「日本憲法見込案」は実に進歩的で、国会の権利を内閣より強くしたことや、国民の基本的人権、たとえば、悪しき政府に対する抵抗権や、制限付きでない信教の自由の権利などを明示した点は、歴史的にも高く評価されています。さらに、政党におけるセクト主義や官僚主義の弊害をいち早く問題としたのも直寛でした。

家の坂本直寛は、この運動に全面協力している。ただし四年後には区町村会法改正で、町村会議員選挙から女性は締め出された。

日本で、婦人参政権が正式に与えられたのは、戦後になってからである。一九四五（昭和二十）年十二月、改正衆議院議員選挙法公布により、女性の国政参加が認められた。翌年には、女性の地方参政権が実現、一九四六（昭和二十一）年四月、戦後初の衆議院選挙の結果、日本初の女性議員三十九名が誕生した。

義母の回心

曲がりなりにも、信仰者となった直寛は、ある日、その義母にキリスト教の小冊子を渡します。ところが、これが義母の怒りをかい、その後は、あえて信仰の話をすることなく、ただ秘かに神に祈るだけでした。

ところが、数か月後、秋山というところに住んでいるクリスチャン家庭を訪ねて集会をもった翌朝、直寛《なおひろ》は義母の所を訪ねると、いつもの義母とは打って変わって、本当の神様について、真剣な顔で質問してきたと言うのです。聞くと、その日の前日、キリスト教徒の魚屋さんがやって来て、義母に聖書にある「十戒」を分かりやすく説明した小冊子を渡したのです。

義母が言うのに、そのとき、自分はまったく読む気がないのに、なにげなく本を手に取った。ところが、それを読み終わったとき、義母は罪を恐れる気持ちがにわかに胸中にわくのを押さえることが出来なかったと言うのです。

翌日の夜、その魚屋さんに来てもらい、家で急きょ集会を開き、互いに聖書を読み祈りをささげました。翌朝、義母は言いました。

「自分は昨夜半ごろ目覚め、それきりどうしても眠れぬまま神様を思い続け、夜の明けるに従い、しだいに信仰心が起きてきた。自分はこれから子どもを学校に送って行くから、留守の間に偶像やお札を捨ててほしい」（土居晴夫編『坂本直寛《なおひろ》・自伝』）。義母の信仰の証しを聞いた直寛は、家族の者に偶像や札のたぐいを集めるよう命じ、それらを湯を沸かす薪にしたのです。そして、帰宅した義母や家族全員がその湯に入ったというのですから驚きです。

直寛にとって、この義母の回心は、神の真実と恵みを実感する機会ともなりました。自分は理論的に神を信じていたと言っていた直寛も、この時ばかりは、神のあわれみを感じ、深い悔い改めに導かれます。

「ああ、主の愛のいかに深いことか。私のようなごう慢で無神論者の罪人をも忍んで下さり、時至って過去のすべての罪を許したまい、救いの道、真の道に導いて下さった。その上、頑固な老母をはじめ家中の者にも厚い恵みを下さり、これらことごとくを主の福音にあずからせたもうたのである。感謝、歓喜は何にたとえようもない」（土居晴夫編『坂本直寛・自伝』）

県会議員として活躍

坂本直寛は三十四歳で高知県会議員に当選します。同時に、義母の回心後、信仰に目覚めた直寛は、聖書の真理を一人でも多くの人々に伝えるために、高知県下を精力的に巡回し始めます。

政治家としては、官僚主義を痛烈に批判、高知市にあった本町堀詰座で「日本将来の政略如何」と演説するのですが、中止命令を受け、向こう一か年の政談演説の禁止を申し渡されます。そんな直寛ですが、当時、彼がまとめた政治家の腐敗を糾弾した八か条に渡る警告文は、今読んでもその的確性を失ってはいません。悪しき政治家は次のような弱さを持っているというのです。

・主義に依らないで人に依り党派を結ぶ
・人の功を嫉妬する
・狭い地域内で結合するが、広く天下と結合する大志に乏しい
・小異にこだわって大同に就かない
・弊害を恐れるあまり、物事の根元を察知する志が薄い
・異説を容認せず、自己の思想が正しいと妄信する
・公私の交際を混同しやすい
・とかく治者を気取りたがる

こうやって、一項目ずつ見ていくと、なんだか現在の日本の政界の縮図をずばり指摘されているようで、百二十年以上前に直寛《なおひろ》が訴えた言葉の力に驚かされます。

その直寛が逮捕投獄されたのは、一八八七（明治二十）年十二月二十六日のことでした。当時、明治政府へ、外国との不平等条約の改正や言論や信教の自由を訴える建白書を提出するため、上京していた直寛は、京橋にあった星亭の邸宅で会合中、保安条例による退去命令を拒否したため逮捕され、東京軽罪裁判所で禁固二年六か月の判決を受け石川島監獄に拘禁されます。

この間の状況について、後に直寛は、その自伝にこう記しています。

「十二月二十六日、われわれは総理（伊藤博文・編集部註）との面会を実現する方策を協議していたところ、その日の夕方のこと、突然おおぜいの警官と憲兵がわれわれの宿舎を包囲した。これはただごとでないと思い、自室に退いて静かに聖書をひもときながら祈っていた。しばらくして私服の探偵（刑事）や巡査が入って来て、愛宕下の警察署に出頭せよと命じた。そのとき、再びこの宿に戻れないだろうと予感し、聖書を携えて彼らに従った」（土居晴夫編『坂本直寛・自伝』）

獄中生活で求めた聖書

直寛が警察署に着いたとき、すでに、片岡健吉、武市安哉《たけちあんさい》ら同志たち数名の姿もそこにありました。彼等は一人ずつ取り調べ室に呼び込まれ、ただちに東京から退去せよとの命令を突き付けられます。直寛は、係官に「どのような理由で退去を命じるのか」と問うと、「自分たちはその理由を関知していない」とのあいまいな返事しか返ってきません。「何の理由もないのに退去することはできない」と食い下がると、「それならば、警視庁二局に行け」と言うなり、直寛を別室に連れ込み縛り上げたのでした。

一行は、巡査二名に前後を守られ、警視庁に連行されるのですが、その道すがら、鹿鳴館の近くを通ります。政府の要人たちが、意気揚々と舞踏の宴を張り、まるで天下太平であるかのように、遊び戯れている声が聞こえ、直寛の胸は張り裂けんばかりに怒りがこみ上げてきたのです。

警察署に連行されるとき、直寛にはある覚悟が出来ていました。長い投獄生活が待っていると予感したと言います。それで、聖書を携えていったのですが、監房に入るときには、私物は一切許されず、聖書も領置所《りょうち》に預けざるを得ません。直寛は、何回も聖書の差し入れを願い出ますが、何の音沙汰もありません。

「キリスト教徒にとり聖書は欠くことのできない必要な書物であるから、ぜひ差し入れを許可していただきたいと懇願した。しかし、担当の看守は、囚人に聖書は必要ないと、願いの取り次ぎもしてくれない。後日、内務省の達しにより聖書の差し入れは許可しないと伝えられた。これから二年半もの間、まったく聖書に触れることもできないのは、この上もなく不幸だと失望し、深く嘆き悲しんだのであった」（土居晴夫編『坂本直寛・自伝』）

地位も名誉もすべてを奪われた直寛《なおひろ》にとって、神の言葉である聖書こそ唯一残された希望であったはずです。しかし、その聖書が失われたとき、受洗以来、これほど祈ったことはないと言えるほどに、直寛は「聖書を与えて下さい」と慟哭の祈りをします。そして、この祈りは、やがて聞かれるのです。

囚人となった直寛ら政治家たちに与えられた仕事は、毎日当番を立て、監獄内の廊下や便所を掃除することでした。寒気の強い朝など、板の上に水が凍りつき、とりわけ雪の日など、看守の靴に付着した雪のかけらが固く凍っているのに囚人たちは素足で掃除したのです。

「最初のころ、われわれは監獄生活に不慣れで、看守に叱られてばかりであった。また、しゃばにいたときの気持が忘れられず、看守の足もとで頭を低くしたり、あるいは便所を掃除することに抵抗を覚えた。しかしそのようなとき、主は私のそばにお立ちになり、教え諭すかのように御言葉を私の耳にささやかれたのであった」（土居晴夫編『坂本直寛・自伝』）

直寛らが収容されていたのは石川島分署の十二番監で、囚人番号は一九二四号、片岡健吉は一九二三号と呼ばれていました。一八八八（明治二十一）年一月、直寛は高知県会議員の身分をはく奪されます。その一か月後の二月十九日、直寛や片岡健吉が属していた高知教会の会堂が升形に落成、その十日後に、旧知の東京芝教会安川亨牧師の尽力で聖書の差し入れが許されています。それは『訓点旧約全書』という漢訳聖書で、直寛は、この聖書を通して、神の人類に対する救いの計画の奥義を学びます。

直寛は、聖書を差し入れてもらったのはいいが、労役に出ると読書の時間がなくなることに心を痛めます。監獄においても、働かざる者、食うべからず、の原則は生きていました。労役に出た者にはある程度の食物が与えられますが、そうでなければ、わずかな食べ物で我慢しなければなりません。直寛と片岡健吉は、労役に出ず読書と瞑想に耽る道を選びます。同じ高知教会員の武市安哉《たけちあんさい》や細川義昌は、労役場や病院で働きながら、他の囚人に福音を宣べ伝え、次々と聖書を求める囚人たちが出て来ました。さらに、それら囚人たちの中から、出獄後、洗礼を受けた者が続々と出て来たのです。

とは言え、労役につかない者は、一日、四合の麦飯だけしか与えられません。ある日のこと、直寛は

江戸時代の人足寄場を引き継いだ監獄に、直寛は収監された。「石川島監獄署景況略図」。矯正図書館蔵

署景況略圖

極度の空腹に襲われます。そうなると、イライラして心が落ち着きません。そのとき、フト思い出し読んだのが、『聖書』の申命記八章でした。

「あなたの神、主が、この四十年の間、荒野であなたを歩ませられた全行程を覚えていなければならない。それは、あなたを苦しめて、あなたを試み、あなたがその命令を守るかどうか、あなたの心のうちにあるものを知るためであった。それで主は、あなたを苦しめ、飢えさせて、あなたも知らず、あなたの先祖たちも知らなかったマナを食べさせられた。それは、人はパンだけで生きるのではない、人は主の口から出るすべてのもので生きる、ということを、あなたにわからせるためであった」（『聖書』申命記8章2～3）

この箇所を読むなり、直寛《なおひろ》は、心燃やし尽くすような思いに駆り立てられ、思わず、涙を流して神に感謝の祈りを捧げます。「その後、ようやく、飢えに耐え忍ぶ力が湧き、気持ちもさわやかになるのを覚えた」とは、直寛の実感でした。

凄惨な獄中からの手紙

石川島監獄での獄中生活は凄惨を極めたものでしたが、出獄後、直寛は、自伝の中で「神は実地の神学校に入学させて下さった」と、むしろ苦難以上に恵みが大きかったことを記しています。

その恵みの第一は、直寛を始めクリスチャン政治家たちの姿を見た囚人たちが、信仰の世界に目が開かれたことです。直寛が、聖書や講解書、その他の書籍を差し入れてもらうや、自由民権の同志までが未信者ながらそれにならい、聖書を差し入れてもらったり、購入したりして聖書を研究する機運が高まってきたのです。同時に、他の囚人たちにもその影響が広がり、聖書を求める者が出て来ました。その数は少なくとも五百人はいたと言います。

直寛や片岡健吉などは、もっぱら聖書を学ぶ時間が欲しいため、待遇は悪くなるのですが労役に出ることをしませんでした。しかし、同じ信仰仲間の武市安哉《たけちあんさい》などは、むしろ、積極的に労役所で働く方を選び、その結果、他の監房の囚人に対する伝道の手段が開け、そこから多くの囚人が信仰に導かれました。武市安哉は出獄後、直寛よりも早く伝道者の道を歩み始め、北海道にも直寛より早く開拓者として入り、石狩地方の浦臼《うらうす》に聖園教会を創設した人物です。直寛は、獄中生活の中で、多くの和歌を作りますが、こんな歌もあります。

「影暗き囚《ひとや》の庭の草葉だに　神は恵みをもらさざりけり」

牢獄を〝実地の神学校〟と言った直寛でしたが、自伝の中に、人間として、政治家として、それは大きな転機でもあったと書いています。

「私は獄中生活において、次の二つの事柄を経験した。その一つは、政府のために祈ることを覚えた。受洗後、毎年一月最初の一週間における教会の特別祈祷会で、私は政府のために祈ったことはなかった。もともと私は政治改革または政府転覆を目的とし、政府に反対の立場にいたから、政府のために祈ることなど思いもよらなかったのである。しかし、獄中においてつくづくと政府のことを考えた。当時政府の高官たちがいろいろの情実に拘束され、その執ってきた政策は、必ずしも国家のためにならなかった。彼らの計画は、かえって哀れな結果を生み、ついに失敗の連続を招いたのは、彼らが世の人より愚かであったわけではない。一般の囚人と同じように、彼らも神の恵みに浴することがなく、罪から抜け出せない哀れな存在に過ぎなかったのである。このように思い直すと、彼らにあわれみの情を覚え、彼らを憎むより、むしろ気の毒に思うようになった。そして獄中で彼らのために執り成しの祈りをささげるようになった。もう一つは、私自身監獄につながれ、そのことによって囚人にあわれみの気持ちを抱くようになったことである。これまで囚人と道ですれ違ったり、監獄内で接するとき、その臭気が鼻をつき、とても不潔に思えてならなかった。ところが、入獄してから囚人に対する感情が一変し、彼らをあわれみ、友人とさえ思うようになった。その気持の変化に伴い、ヘブル人への手紙二章十七、十八節の意味を初めて深く理解できたのであった」（土居晴夫編『坂本直寛・自伝』）

「そういうわけで、神のことについて、あわれみ深い、忠実な大祭司となるため、主はすべての点で兄弟たちと同じようにならなければなりませんでした。それは民の罪のために、なだめがなされるためなのです。

主は、ご自身が試みを受けて苦しまれたので、試みられている者たちを助けることがおできになるのです」（『聖書』ヘブル人への手紙2章17、18節）

恩赦で釈放された直寛

一八八九（明治二十二）年二月十一日、大日本帝国憲法が発布されました。それに伴い、慶祝の意味を込めて大赦令が発せられ、この日、いわゆる恩赦ですべての政治犯が釈放されたのです。

片岡健吉や坂本直寛《なおひろ》ら二十名の高知出身の政治家たちは、裁判所から「明治二十年十二月二十七日東京軽罪裁判所ニ於テ処断ヲ受ケタル保安条例違反ノ罪ハ本年勅令第十二号大赦ニ因リ消滅ス」との通告を受け、青天白日の身となりました。

大変興味深いことに、このクリスチャン政治家たちの出獄は、当時のキリスト教会にとっても祝賀ムードで迎えられ、出獄一週間後には、横浜海岸教会で出獄感謝会が開かれていますし、一足先に神戸、大阪に向かった片岡健吉らは出迎え人と見物客で大混雑に巻き込まれています。

三月五日、後に初代の高知市長となる一円正興《いちえんまさおき》の主唱で開かれた稲荷新地松鶴楼における祝賀会に出席した直寛は、獄中での神の恵みの体験を語り、続いて、十二日に堀詰座で開かれた政談演説会でも獄中体験記を語り、千三百人を超える聴衆に大きな感動を与えたと言います。当時の直寛の活動を記録した「土佐自由民権運動日録」を見ると、この年は毎週のように、直寛は高知の各地で獄中体験を語っています。

しかし、この政治活動、伝道活動など、出獄後、なにもかもが順調に進んでいると思える状況の中で、悲劇は突然やって来ました。

八月一日、直寛《なおひろ》は、教会の行事で種崎海岸の海水浴に、妻・鶴井と義妹・富を伴って参加しますが、変事はその日に起きたのです。八月三日付「土陽新聞」はその様子を次のように報じています。

「一昨一日基督教信徒の人々が種崎浜辺に赴き海水浴をなし居たりしところ、同行の婦人なる坂本直寛氏の妻女鶴井、妹富子及び西本正美氏の母いせ子の三女が誤って海中に陥り遂に不慮の最後に及びたりき。この変報の高知に達せしは同日の午後四時頃なりしが、坂本西本の親族朋友は申すに及ばず、その他の面々大いに驚き、いずれも早舟に飛び乗りて各々互いに種崎に到りしときは、該地の人々とりあえず仁井田村の医師井上氏を呼び来たり診察を請い、また高知よりも医師数名出張し、百方治療を尽くしたりとも三女とも薬石回生効を奏するあたわず、遂に永眠したりしは実に哀れにも悼ましき次第なりし……」

三人の婦人が波にのみこまれ、その姿が消えてから二時間後に、遺体は発見されました。その間、直寛にとって、その身の置き所なく、ただ浜辺にひれ伏し神に祈るよりほか何の手段も見出せませんでした。しかし、その悲しみの中にも、信仰者として直寛には希望の光がありました。それは、人生は死で終わるのでなく、永遠につながる復活の希望が残されているという信仰の確信でした。
かつて、無神論者だった頃の直寛の死生観は、人は死んだらお終い、というものでした。しかし、クリスチャンになってからの彼の死生観は一八十度変わりました。復活の希望について、自伝の中で直寛は書いています。

「彼女たちは薄命であったが、死者をよみがえらせたもう全能の神により、栄光ある者としてよみがえったとの確信を得た。……妻たちは私に永遠の別れを告げたのではなく、しばしの別れをしただけである。私たちは幸いに終わりまでこの世に生を全うし、やがて神に召されるときが来たら、私たちも栄光の御座のそばで彼女たちに相まみえるであろう。彼女たちは永遠に去ったのではない。しばしの旅行に出かけただけなのである」（土居晴夫編『坂本直寛・自伝』）

失意の日々の中で

一八八九（明治二十二）年八月一日、妻・鶴井と義妹・富を不慮の海での事故で失った直寛は、その後、失意の日々を過ごします。自伝には「妻の死以後、家庭の中でしばしばサタンの誘惑を受けた。家庭の絆はすでに絶え、とうてい口で言い表せない不自由や困難が積み重なり憂いばかりが多かった」と書かれていますが、その誘惑がどのようなものであったかは推測する他はありません。ただ、政治家の道を一途に歩んで来た直寛にとって、家庭のことを一切取り仕切り、文字通り、目立たない場所で直寛を支え続けてきた鶴井の存在は、失ってみて初めてその大きさが分かったのも事実なのです。

当時、残された家族は長女・直意は九歳、次女・直恵は七歳、養母・仲は六十歳です。生活の難題は山積してはいましたが、幸いなことは、当時の直寛は、このような人生の苦難にもきっと深い意味があるのだ、と受け止められる信仰を失ってはいませんでした。むしろ、人は苦難を通して、より神に近づけられ、成長していくのだと直寛はその自伝のなかで、繰り返し述べています。特に、これまで、なにげなく読んでいた聖書の言葉の深みが理解できたと感謝さえしているのです。中でも次の聖書の箇所は、直寛《なおひろ》の信仰の人生を大きく飛躍させた言葉として注目されます。

「そこで、高慢にならないように、わたしの肉体に一つのとげが与えられた。それは、高慢にならないようにわたしを打つサタンの使いなのである。このことについて、わたしは彼を離れ去らせて下さるようにと、三度も主に祈った。ところが、主が言われた。『わたしの恵みはあなたに対して十分である。わたしの力は弱いところに完全にあらわれる』。それだから、キリストの力がわたしに宿るように、むしろ喜んで自分の弱さを誇ろう。だから、わたしはキリストのためならば、弱さと、侮辱と、危機と、迫害と行き詰まりとに甘んじよう。なぜなら、わたしが弱い時こそ、わたしは強いからである」（『聖書』コリント人への手紙第Ⅱ12章7～10）

この使徒パウロの言葉は直寛の心を激しく打ったのです。彼は、こう解説しています。「パウロのような人物さえ、多くの恵みを賜ることにより、かえって高慢に陥るおそれがあった。それだから、神は絶えず、パウロにとげを与え、彼が常に自分の弱さを反省し、神により頼む気持ちを保つようになさった……。およそ、どのような人、どのような家庭でも、終世、喜びや楽しみ、あるいは平和を全うするのは、ほとんど不可能であろう。キリストの家庭でさえそうであった。人間同士の交わりの中で、家族ほど親しいものはない。しかし、その親しみになれると、かえってあやまちに陥ることがある。とりわけ家庭内での試練や誘惑は、世上におけるそれらよりはるかに深刻である」。

人々の薦めもあったのでしょう。直寛は、事故があった翌年の三月、同じ高知教会の信徒だった中澤翠と結婚しています。

本当の自由とは何か

土佐の自由民権運動の若手リーダーとして坂本直寛が、信奉してきた政治上の思想は、抽象的な自由主義と言えるもので、英国、米国、そしてフランスなどの革命運動に大きな影響を受けていました。

当然のように、その思想の根底にあるのは、人間主義であり唯物主義ということになります。勝ち組の薩摩藩や長州藩による藩閥政治の弊害に対し果敢に挑戦していた直寛にとって、自由主義の発動こそ国家の興廃を左右するものだったのです。

しかし、聖書の真理に目覚め、イエス・キリストを人生の主として心に迎え入れたとき、政治家としても直寛に変革が起こりました。それは、歴史観の大転換でもありました。

「国家興廃の真の原因は、まさしく別の形も見えず、声も聞こえず、しかも偉大な一つの『力』が有るか無いかということにかかわりがある。この『力』は英・仏・米三国だけに限らず、いずれの国家においても、国民が真正の自由を得、国家が純良の進歩と平和を招くかどうかということに大いに関係があるのだが、過去の私のように唯物主義におおわれた者は、このことを見過ごしていたのであった。その『力』とは何か。それは全能の神が私たちに与えてくださる聖火であって、私たちの心の中にあるすべての私情を焼き尽くし、私たちを高潔にし、愛、損、信の諸徳を備えた者として下さるのである。国家、社会の諸問題の解決は、ただありきたりの智力だけでは足りない。宗教感情を基にし、全能の神に励まされて生まれる公平、潔白な智力を必要とする。なぜならば、いろいろな問題を調べてみると、この世にはあまりにも正しくないことが多く、物事にまじめに取り組む者の思うようにならない。

『正義は国を高くし、罪は民をはずかしめる。』(『聖書』箴言14章34節)

諸問題を探求するとき、この御言葉は実に国家、社会の真の姿を現わす真理であると思い知らされるのである。政治家がみずから最も戒めなければならないのは、地位、名誉、金銭などの誘惑である。これらは常に政治家につきまとい、政治家が最も陥りやすい通弊であって、今日わが国の政情が、日々悲しむべき現象を呈しているのは、主として、政治家がこれらの誘惑にかかっているからだと思われる。過去を回顧するとき、私もこれらの誘惑を免れなかったことを否定できない」(土居晴夫編『坂本直寛《なおひろ》・自伝』)

直寛は、自由主義に関する自分の従来の主張に誤りがあったとは思わない、と語ります。しかし、そもそも、自由とは何か、という根本的問いを追求することなく突っ走ってきた、とも。

信仰を持ってからの直寛にとって、聖書は、第一に開くべき人生のガイドブックとなりました。〝自由〟の根本的意味も、聖書に中に出て来るキリストの言葉によって理解できたのです。

「もし、わたしの言葉にとどまるなら、あなたがたは、ほんとうにわたしの弟子なのである。また、真理を知るであろう。そして、真理は、あなた方を自由にするであろう」。

再婚した妻の突然の死

明治二十八年七月、直寛は、名古屋における日本基督教会大会に出席し帰宅してまだ幾日もたたない頃、妻の様子がおかしいのに気がつきます。医師に診てもらったところ深刻な病名が告げられました。妻・翠は肺結核に冒されていたのです。五年前に、先妻の鶴井が海難事故で亡くなって一年後に、直寛は中澤翠と再婚しましたが、その翠は病弱で、いつも咳き込んでいたのです。

病状は深刻でした。当時、結核は不治の病と考えられ、特効薬もなく、ただ安静と栄養を取る以外なすすべがありませんでした。八月三十日、翠は意識もおぼつかない状況のなかで、自らの余命がないことを悟ったのでしょうか。直寛の兄・直を枕元に呼び、残される子供たちの行く末をよろしくと頼んだのです。その翌日、今度は、書生の青年が腸カタルにかかって寝込んでしまいます。直寛は、日頃、その書生が色々と思い悩んでいるのを知っていました。彼の枕辺で、聖書を読んで慰め祈ります。

九月一日は日曜日です。直寛は、朝から心騒ぎ、しきりに涙を流しながら神に慟哭の祈りを捧げます。この日、医師からは「奥さまは、もはや余命いくばくもありません。もしかして、今夜にでも急変するかも知れません」と宣告されていました。ところが、翌日になると病状は持ち直し、五日、六日は病勢中休みの状態で、進みもせず退きもせず、ただ熱は少し下がって、直寛を少し安心させます。しかし、それもつかの間、愛する伴侶を二度までも失うのではないかという恐れと孤独に直寛は眠れぬ夜を過ごすのです。

「妻の病気が次第に重くなった頃、看護する者も次々と倒れ、私の心痛はさらにはなはだしく、それがもとで、日夜絶えることのないサタンの誘惑に襲われた。当時の心痛はとうてい人にはなすことができなかった。苦悩は極限に達しようとしていた。それを知る者はただ一人、慈愛に富む天の父だけであって、神以外何人も私の憂い、苦しみを慰めることが出来なかった」。直寛《なおひろ》が、苦悩が極限に達して……というのには理由があります。実は、このとき、妻・翠は、肉体の病に苦しんでいただけでなく、クリスチャンでありながら、癒しを求めて迷信に寄りすがっていたのです。その迷信がどのようなものであったかは自伝の中でも直寛は説明していません。しかし、それによって、妻の肉体のみならず霊魂まで滅びるのではないかと、必死の思いで直寛は神に救いを求め続けたのです。

九月十九日の朝、高知教会から片岡健吉、長野源吉の両長老と松永文雄伝道師が訪ねて来て、翠の枕辺に座り、長野氏がヘブル人への手紙十二章を読み、祈りを捧げています。そのときです。翠の魂は目覚めたのです。弱々しい声ではありましたが、迷信に陥った罪を告白し「神様、私の罪をお赦し下さい」と祈ったのです。

その日の午後、熱が三十九度まで上がり、脈拍はそれに反して著しく減少して行きます。夜、七時半、翠は苦しい呼吸の中から「早く天に召して下さい」と言葉を発します。しばらくして、翠の兄が体を抱き起こすと、もうその息は止まっていました。

「妻が病床に在る間、私はいろいろな誘惑を受け、少しも安眠できなかった。そのために健康を損ねたことはなかったものの、火災にかかった人の隣人が、たとえ類焼しなくてもその影響をこうむらざるを得ないように、私のはらわたはずたずたに切られてしまったような感がする。しかし、霊魂はかえってますます新しくさせられたという思いは強い。いろいろな誘惑を受けることによって、忍耐心を養うことができたし、将来に向けて志はいっそう堅くなった」（土居晴夫編『坂本直寛・自伝』）

一八九五（明治二十八）年九月十九日、妻・翠が亡くなって以来、直寛の内面的生活は、ますます深められて行きます。度重なる試練を通して、聖書の言葉が輝きを増して来たのです。

「神を愛する人々、すなわち、神のご計画に従って召された人々のためには、神がすべてのことを働かせて益としてくださることを、私たちは知っています」（『聖書』ローマ人への手紙8章28節）

二十代から政治活動にかかわり、土佐の自由民権運動の若き旗手でもあった直寛ですが、妻・翠の死を境に、新しい人生の選択を模索し始めていたのです。それが、蝦夷地《えぞち》（北海道）開拓という、かつて龍馬が抱いた志を受け継ぐことでした。

龍馬の志を受け継ぐ

土佐藩の下級武士であった龍馬にとって、蝦夷地開拓という壮大なビジョンはおよそ無縁のようにも思えるのですが、そうでもありません。一八五五（安政二）年、日露和親条約が結ばれ、土佐藩主の山内容堂も「蝦夷地」に注目、一八五七（安政四）年二月、容堂は江戸から家臣の下許武兵衛、手島八助の二人を蝦夷《えぞ》地へ送りこんで、蝦夷地の防衛や開港地の箱館の様子を探らせています。

また、同じ年に、土佐出身の国際人中浜万次郎が箱館奉行所に勤務しています。万次郎は、漂流民としてアメリカへ渡り、マサチューセッツ州フェア・ヘブンでクリスチャンのホイットフィールド船長に助けられ、教育を受け聖書の真理にも触れた人物です。龍馬も若き日、土佐で、万次郎からもたらされた海外の情報にふれていた可能性もあるのです。

おそらく、龍馬にとっての蝦夷地は夢を託すに値する未開の地だったのではないでしょうか。作家・司馬遼太郎は「幕末のいわゆる志士のなかで明治の革命後の青写真、国家の設計図をもった人は坂本龍馬だけであろう」と、その著『明治という国家』に書いていますが、龍馬の革命後の青写真の中に、リストラされた武士たちが生き残れるために蝦夷地開拓があったと考えられています。坂本龍馬は多くの書翰を残していますが、その中に、蝦夷地開拓の話が出て来るのは、一八六三年頃からです。彼が暗殺された一八六七（慶応三）年の二月十四日付の因州藩士・河田左久馬宛ての手紙には、「よほどおもしろき事、御耳に入候と相楽ミ申候。其儀ハ彼の先年御同様、北門の方へ手初致し候事お、又、思ひ出たり」（おもしろいことをお耳に入れようと楽しみにしております。その件とは、先年のときと同じで、北方の開拓することを、また考え出しております）と書かれています。

坂本直寛《なおひろ》が、拓殖事業を起こそうと思い始めたのは、石川島監獄に拘留中のことで、聖書を読むうちに深く感じるところがあったからだと言われています。「神がモーセをしてイスラエル建国の偉業をなさしめた、その御業を心に深く銘じたのであった。それ以来、もし神の御心にかなうのであれば、将来一つの事業を興したいという志を養った。……聖書はその機会を与えてくれたのである」（土居晴夫編『坂本

明治初期の国会議事堂。国立国会図書館提供

直寛・自伝』）。

ところで、この石川島監獄には直寛と共に政治犯として同じ高知教会会員の武市安哉《たけちあんさい》も拘留されていました。土佐勤皇党を結成した武市半平太の遠い親戚に当たる人物です。一八八九（明治二十二）年に出獄後は、直寛と同様に高知県会議員として活躍し、一八九二（明治二十五）年には、第二回衆議院議員総選挙に自由党より出馬して当選、その年の秋に開拓用地払い下げ問題の財政調査のため北海道に視察旅行をしています。武市安哉は、直寛より早く北海道の地を踏んでいました。

この北海道行きは、武市安哉に大きな衝撃を与えました。北海道開拓のビジョンが与えられたのです。武市はすぐに行動に移します。石狩平野を視察したとき、浦臼《うらうす》にある樺戸集治監用地を視察して、その土地の払い下げを申請、高知県に戻ると高知県殖民会規則を作成、北海道移住者の募集を始めたのです。

この武市の唐突とも思える行動の背景には、以下のような動機があったと言われています。①高知県特有の土地の狭さからくる生活困窮からの農民の救済、②政治的改革に対する失望、③聖書の真理を土台とした人間改革と信仰共同体形成。特に、クリスチャンとなって、あらゆる分野での神の導きを求めていた武市にとって、③の項目は一番大きな動機でした。

一八九三年、武市安哉は衆議院議員を辞職、キリスト教に基づく理想郷づくりを目指して北海道に移住します。浦臼の原野に高知県から共に移住してきた数十名のクリスチャンと入植、聖園教会と聖園農場を設立、教会では、聖書のメッセージを語り、原野を開拓した農場の経営に当たりました。しかし、武市は志なかばにして倒れます。北海道入植の一年後、高知に一度帰郷して北海道に戻る途中に青函連連絡船の船中、脳溢血で倒れ帰らぬ人となったのです。

国会議員生活の中で、武市は、政界の腐敗堕落の実態に強い失望感を抱いていました。社会を変える前に、まず、人間が変わらなくてはならない。聖書の真理こそ唯一、人を変えることが出来る。この彼の強い信念が実を結ばんとしているときの訃報です。しかし、浦臼に蒔かれた福音の種は朽ちることはありませんでした。武市安哉の死から四年後には、北海道に入植していた直寛《なおひろ》は一家と共に浦臼に居を構え、聖園教会と直寛との深い関係が生まれます。これは、後述しますが、直寛最後の伝道説教も聖園教会で行われたのです。

あれから百十八年余、聖園教会(日本キリスト教会)は今も浦臼の地で福音の火を燃やし続けています。

新しい伴侶

直寛は、伝道師・坂野十郎の姉である鹿と再婚します。戸籍簿には、一八九七(明治三十)年七月三十日入籍とありますが、実際の結婚は二十九年初頭であったと言われています。それというのも、妻・翠を失い、年頃の娘二人と幼児二人を抱えて、北海道行きを前に、直寛には家事を取り仕切る余裕などなかったからです。

北海道行きを決意した直寛は、翌明治二十九年二月八日付けの片岡健吉宛の手紙にその並々ならぬ決意を披瀝しています。

「拝啓仕り候。過日も申し上げ候如く、小弟は祈りと熟考とに由りて、断然北海の拓殖を決意仕り、……いよいよ小弟も希望を厚く仕り候。かの天塩《てしお》の原野殆ど十万石に近き弘（ママ）原は、地味といい、運搬の便といい、頗る希望ある土地にして、吾人が理想的の社会を建設する試験なりと存じ候。希《ねが》くは土佐兄弟の一手、少なくとも日本信徒の元動力として、かの地に殖拓の事業を設計し、将来日本社会に一つの潔き義に生くる神の国を作り度く存じ候」（土居晴夫著『坂本直寛の生涯』）

この手紙を書いてから三か月後、坂本直寛《なおひろ》は高知を立ち、東京に数日滞在して、十七日に札幌に着きました。しかし、当初の計画では、天塩川流域の原野に入植するということでしたが、この計画を根本から見直さざるを得ない事態が起こったのです。天塩川流域の原野は、すでに宮内省御料局の用地に編入されていたのです。

明治24年に作成された「北見国常呂郡クンネップ原野区画図」北海道大学附属図書館蔵

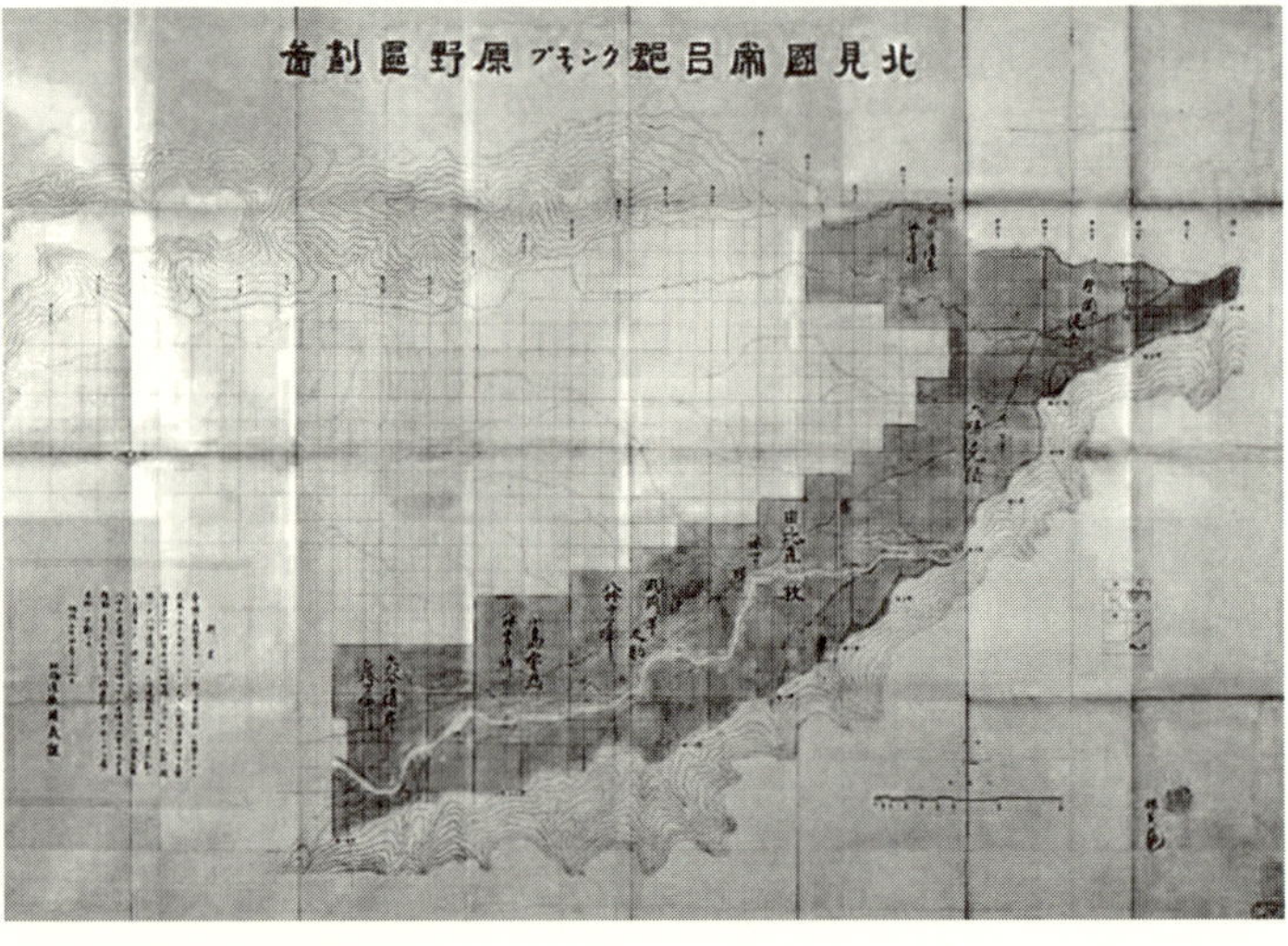

直寛は、札幌にいた道庁技師内田静を訪ねます。内田は、土佐藩士の家に生まれ札幌農学校に学んでいます。「少年よ大志を抱け」で知られるウイリアム・クラーク博士の教え子でもあります。内田は全道の植民地区画測定に従事し、北見地方を熟知していたのでクンネップ原野（現・北見市の一部と常呂郡訓子府町）が開拓に有望だと力説したのです。

直寛は、土佐から行動を共にしてきた友人三名と共に、八月二十日、札幌を出発し、陸路クンネップ原野に赴《おもむ》きました。原野は南北が平坦で一里余り、東西八里余り、樹林が続くかと思えば広大な草原が広がり、原野に咲く草花はあたかも錦をしいたようで、直寛たちはその美しさに圧倒されます。

原野の地形は四方山に囲まれ、東北の一角のみ開け、無加川を隔てて対岸の屯田兵村と境を接しています。陽の光に照らされた草原の風光は実に明るく、移民が住むにふさわしい場所だと直寛も思いました。自伝のなかで、このときの心境を、カナンの地に移住したアブラハムになぞらえ、こう記しています。

「人跡未踏の原野において拓殖事業を経営する困難は、もとより覚悟の上である。私たちは原野の草むらにひざまずいて神に感謝し、合わせて将来について祈った。そのとき、アブラハムが神の命を受け、カナンの地に移住した事蹟を思い起こした。彼がカナンに移住した当時、その不便さは今日の比でなく、しかも選定していなければならない土地も、まだ漠然として決まっていなかった」（土居晴夫編『坂本直寛・自伝』）

高知で開拓移民団を募集

一八九六（明治二十九）年八月、クンネップ原野を視察した直寛は、その年の十一月まで北海道に留まり、高知県からの開拓移民団を迎える準備を進めますが、九月には、高知では移民団募集の広告が「土陽新聞」に掲載されています。

「本社今般北海道北見国常呂郡クンネップ原野五七十万坪及び石狩国空知川原野五十万坪の大地積に於いて殖産事業を開始し、来る三十年四月上旬に渡航せしむべき移住民一八十戸の内三十名へ特別手当を給与し、本月下旬当地出発の予定を以ってす。募集希望者は至急当所へ申し込みあるべし」

冒頭に出てくる本社とは、北海道移民計画推進のため高知で発足した「北光社」のことで、この組織の発起人には、坂本直寛《なおひろ》を始め、後に衆議院議長となるクリスチャンの片岡健吉も名を連ねています。

一八九六（明治二十九）年十一月、一旦、高知に帰った直寛でしたが、そのまま病に倒れ、結局、移民団の先駆けとして再び北海道を訪れるのは、翌年の三月になってからでした。このときは、家族を高知に残して

駆け足 出来事伝

北海道開拓

十九世紀、ロシア帝国は急速にシベリアに進出、極東、アムール川流域へ到達した。一方、江戸幕府も、近藤重蔵、最上徳内、間宮林蔵らに北方探検を行わせ、また、蝦夷地、樺太へ商人を中心に和人も次第に進出していった。

こうした中で、樺太や千島で和人とロシア人との衝突事件がひんぱんに起こり、幕府は北方警備の目的から松前藩を転封して蝦夷地を直轄化、会津藩を始め

の北海道行きでした。

直寛たちが出発した一か月後、今度は、高知県からの本格的な移民第一陣が、大阪の帝国商船高洋丸（七二七トン）に、食料、日用品、農具などを満載し、浦戸港から北海道に向かいます。百十戸の移民と言われていますが、うち五十戸は須崎から、十戸は徳島から乗船しています。

ところが、この第一次移民団を待ち構えていたのは過酷な現実でした。瀬戸内海を経て日本海に入り、早くも不幸な事件が起きたのです。徳島から乗船した移民の中にはしか患者がいたため、たちまち感染が広まったのです。小樽に着くまで小児三名が死亡し、網走到着までに大人もまじる三十名もの死亡者を出しました。一行は、網走に上陸して休養をとり、五月五日に病人を残して徒歩で出発し、一号駅逓、二号駅逓に泊まって、三日目に農場本部に辿り着きました。直寛らは六日に網走を出発、十三里の道のりを馬に乗って農場本部に着いています。しかし、入植してからの生活は困難を極めました。明治三十一年から三年間の移住は二十九戸で、その後、三十六年までに逃亡したのは百四十七戸という記録が残っています。入植にあたって受けた北光社からの貸付金を返済しないで郷里に帰り、あるいは他所に去る人々を〝逃亡〟と呼んだのです。


とする東北諸藩に派兵と開拓を命じる。後には、水戸斉昭を蝦夷守護職に任じ、水戸藩にも警備、開拓を命じた。江戸幕府は、積極的に入植政策を行い、鉱山開発や、函館の豪商・高田屋による産業育成も進んだ。

蝦夷地は、和人が先住民であるアイヌの居住地を指した言葉。移住した和人はアイヌに鮭、昆布、熊や鹿の毛皮を獲らせ、利益を得ていた。和人によるアイヌ搾取により、両者間ではしばしば抗争が起こった。蝦夷地開拓の歴史は、和人によるアイヌ民族への迫害の歴史でもあった。

一八九七（明治三十）年五月六日、クンネップ原野の北光社の農場本部に高知からの移民たちは到着しました。直寛自身、北光社の社長という肩書で入植したにもかかわらず、この荒れ地開拓には、驚くことに四か月ほどしかかかわっていません。十月には高知に一時帰郷をしています。自伝には「私が帰ったのは翌年の移民を募集するため、また私自身が家族を連れ、来春北海道に移住する準備をするためだった」とありますが、それまで、政治活動しか経験のない直寛にとって、原野を切り開く殖産事業は、想像をはるかに超えて過酷なものであり、果たして、ここで一生を過ごすのが、キリスト者としての自分の使命なのか、と心が揺れ動いたことも事実でしょう。後に、当時の、挫折とも言える体験を振り返ってこう語っています。

「北見クンネップ原野の北光社農場に移民を入れた当初、この地は将来の居住地であると思った。しかし、心の中で一つの疑いが生じた。この地は、果たして神が私の永遠に住む所として定められたのかどうかということである。このことはいつも心にひっかかっていたので、いつもその答えを神に祈り求めていた。私はまた、政治活動についても未練があったし、北海道で政治上の理想を実現させるためにも、石狩原野に住む方が都合が良いと思った。しかし、なかなか決心がつかず、なお神に祈っていたのであるが、その年七月の北光社株主総会で、実務はおもに沢本氏が担当することになり、私は必ずしも北見に居ることを必要としなくなった。そこで、石狩に住む方が神の御旨にかなうのではないかと思うよう

「北見国紋別郡床丹原野ナラ・白樺林」。北海道附属図書館蔵

「訓子府（クンネップ）杉本農場に於ける移民馬鈴薯収穫ノ図」。北海道大学附属図書館蔵

になった」（土居晴夫編『坂本直寛・自伝』）

すでに紹介しましたように、高知県から北海道に、北光社に先駆けて開拓のため入植した人物に武《ち》市安哉《あんさい》がいます。直寛《なおひろ》が、「石狩に住む方が……」と言っているのは、すでにそこでは、武市安哉が開いた聖園農場と聖園教会が活動していたのです。武市安哉亡き後、そこでは、信仰者の群れを導くリーダーを必要としていました。直寛にとっても、先が全く見えないクンネップ原野開拓以上に、もしかして、自分の賜物が生かされる地は聖園教会がある石狩地方の浦臼《うらうす》なのではと考えても不思議ではありません。後に、伝道者の道を歩むことになる直寛にとって、このときの決断は、この世的には身勝手に思えても、神の摂理の中の出来事としてはうなずけるものがあります。直寛にとって、キリスト教主義の共同体をクンネップ原野に造ることが夢でした。しかし、北光社の株主総会は直寛の理想を受け入れませんでした。そして、直寛に代わって澤本楠彌を現地の責任者に任じたのです。クンネップ原野から石狩原野への余りにも早い転身の背後にそのような事情もあったのです。

一八九八（明治三十一）年五月十二日、直寛《なおひろ》は親戚や友人に別れを告げ、一家をあげて高知を出発、同月二十五日、北海道樺戸郡月形村ウラウシナイ（現在の浦臼《うらうす》）に到着。この年、直寛四十六歳、妻・鹿四十二歳、二男二女の子ども達と共に北海道の大地を踏んだのです。

直寛居宅。『坂本直寛の生涯』（土居晴夫著／リーブル出版）より

浦臼沼ほとりの直寛居宅。『坂本直寛の生涯』（土居晴夫著／リーブル出版）より

浦臼を拠点として

北海道の大地を踏んだ直寛とその家族は、浦臼沼北岸の小高い場所に建てられた、角材を積み重ねたロシア風の二階建て洋館に移り住みます。それは当時の住宅としては浦臼第一と言われたようですが、残された写真で見る限り、みすぼらしいと言うしかない外観です。温暖の地・高知からやって来た家族にとって、到着したときが五月ということもあり、この木造の家屋でも、初めは案外快適に過ごせると思ったかも知れません。しかし、その年（明治三十一年）の十一月にもなると、厳しい寒さに見舞われることになるのです。

その建て物は聖園農場の近くにあり、当時、農場を管理していた、龍馬の血筋に当たる土居勝郎の好意で土地が提供されたのです。

明治 31 年に起きた「岩見沢浸水の景／三嶋」。北海道大学附属図書館蔵

直寛は、この農場で働くことになりますが、どんなに農作業が忙しくても、毎夜のように訪れる青年たちに話を聞かせ、日曜日には聖園教会で説教をしました。直寛は、浦臼での生活にやっと心身の安らぎを取り戻したかに見えましたが、その平穏な日々も長くは続きませんでした。その年の九月七日、突

然、暴風雨により石狩川が氾濫、浦臼《うらうす》地区も洪水にのみ込まれたのです。

「深夜、使用人が私を呼び起こし、石狩川の方角にあたって大きな水音がすると言う。直ちに起き上がり、火を灯して庭に下り、門前まで行ったところ、水はすでに前の道路に押し寄せて来るところであった。収穫物を濡らしてはならないと、家族や使用人たちを集めて片付けかけたが、水はたちまちのうちに押し入って来て、もうどうにもならないありさまだった。そこで馬を厩舎から引き出し、小高い場所に放してやった。

そうこうしているうちに、濁流はすでに腰のところまで達した。急いで鶏小屋に行き、鶏を小屋の屋根に上げていると、水は早くも床上に上がる勢いである。それで屋内に馳せ帰り、幸い私の家に避難して来た人たちの助けを借り、家具を天井やなるだけ高い棚に上げたが、床板が浮き上がり、もはや働くことができなくなった。（中略）

私は四時間も水中に居り、ようやく天井裏に上がった。濁流はますます勢いを増して押し寄せ、木を流し、あるいは家のそばに積み置いた薪や建築材料などをことごとく流し去ってしまった。水声はごうごうとして、そこかしこで泣き叫ぶ声に交じり、実に惨胆《ママ》とした光景を現した」（土居晴夫編『坂本直寛《なおひろ》・自伝』）

翌朝、空が明るくなったとき、屋根の上に登った直寛は、見渡す限り水で、そこかしこに屋根だけが水面に現れた光景を目にします。やがて救援の船が来て、窓から舳先に乗り込み、一家の者は、ようやく避難できたのです。

「九日の夜は祈祷会の定例日であったから、人々を学校に呼び集めたところ、案外多くの教会員、とくに婦人がおおぜい集まって来て、それに学校に避難していた未信者らも加わり、私は(中略)『地上果たしてどこに安全な国があろうか。私たちは震われない国を求め続けようではないか』と人々を鼓舞し、かつ、戒めた」(土居晴夫編『坂本直寛《なおひろ》・自伝』)

石狩川水害と救済嘆願

一八九九(明治三十二)年十一月四日、請願委員の総代として上京することになった坂本直寛は、その途上、思わぬ列車事故に遭遇します。

「四日午前二時半、列車の中で少しまどろんでいたところ、前沢停車場内で衝突事故が起きた。私はからだに激動を感じ、目が覚めたら三尺ばかり離れた所に飛ばされていた。すぐに他の乗客らと車外に出たが、向こうの機関車と貨車はめちゃめちゃに破壊され、こちらの機関車が向こうの機関車の上に重なっていた。向こうの機関士は重傷を負ってまもなく死亡し、乗客の中には窓ガラスの破片で負傷していた」

（土居晴夫編『坂本直寛・自伝』）

不思議にも直寛は微傷も負いませんでした。東京に着いた直寛ら請願委員一行は、貴族院と衆議院に請願書を提出します。その内容は明らかではありませんが、貴族院が三十三年二月に採択した意見書が残っており、それを読むと請願の内容が分かります。

「石狩川治水の件

石狩国樺戸郡浦臼《うらうす》村坂本直寛外七千百十四名提出

右の請願は、石狩川本支流沿岸の地は、比《(ママ)》年本道拓殖の進歩に連れ洪水の惨害年一年より太甚《はなはだ》しく、沿岸所在の移民は相率いて他国に離散するか故国に復帰するか二者其一を択ぶの外なきに至れり。是本道拓殖上将来に多大の影響を及ぼすべきは勿論前途頗る寒心すべきものの有、因て本川は之を内地諸大川の例に準じ内務省の直轄とし、一面には治水百年の計画を立て一面には応急工事を施し幾万移民を刻下の苦境より救済せられたしとの趣旨にして、貴族院は願意の大体は採択すべきものと議決致候。因て議院法第六十五条に依り別冊に送付及び候也」（土居晴夫著『坂本直寛の生涯』より）

北海道の洪水被害の救済を求めて政府に提出された請願書は、百三十件にも及びました。なかでも、直寛たちが提出した請願書は、請願者が七千名を超えるという点で抜きん出ていました。この請願が効を奏したのでしょう。政府は北海道道庁に八十万円という大金を救援のために送ったのです。現在では八十億円にも上る大金です。

しかし、この救援金の配分について、被災地で大問題が起こります。直寛は、請願委員会の総代として、分配の仕方に関し糾弾を受けたのです。直寛は、その苦渋の体験を自伝のなかで記しています。

「道庁は被災者に貸与し、あるいは道路、橋梁の復旧費として各村に配分することになったが、いざその金が下がると、実に嘆かわしいことが起きた。その金が原因で、村民の間に紛争を起こすに至ったのである。それは村民らがその金を自己に有利にしようとしたからである。私の居村においてもその争いが起きた。私はこれを打ち捨てておくに忍びず、中に立って公平に調停しようと努めた。ところが村民の多くは、私がしようとすることを誤解し、（中略）私が悪いことを企んでいるかのように部落総会で罵り攻撃した。私は全く孤立してしまった。ただわずか数名の篤実な兄弟だけが、私に同情してくれただけであった」（土居晴夫著『坂本直寛の生涯』より）

新たなトラブル

一九〇〇（明治三十三）年三月、石狩川治水工事の請願のため上京していた直寛が浦臼に帰ると、そこに待っていたのは、政府から送られてきた復興費の分配に関するトラブルでした。請願委員長として、復興費の公平な分配を考えていた直寛に対し、浦臼の被災者たちは、どうしても自分たちに有利な分配を要求したのです。それに応じない直寛に対し、浦臼村民こぞって反対表明を行い、指導者としての直《なお》寛《ひろ》の排斥運動までに発展します。

このとき直寛四十八歳、サムライの血を受け継いだ者故なのでしょうか、何の言い訳もせず、自ら請願委員長の職を辞し、公の場からは退いて、以降は聖書の学びに心を向けるようになります。時には、自宅周辺での農作業に従事、その期間は一年有余に及びました。しかし、この期間こそ、直寛が遂には天職を見出すために必要な時だったのです。

一九〇〇（明治三十三）年九月十五日、立憲政友会が帝国ホテルで発会式を挙げ、侯爵伊藤博文が総裁に就きました。直寛は、かつての同志であった旧自由党系の憲政党員が、こぞって政友会に参加したのを知り、政党との絶縁を決意します。当時の心境を直寛は自伝の中で、次のように述べています。

「私の生涯の半ば以上は、おもに政治活動であった。北海道に移住してからも、政治上のことをまったくなげうったわけではなかったが、伊藤公が政友会を樹立するにおよび、旧自由党の同志たちもその旗下に盲従するようになったので、それを機に政党とまったく関係を絶つことを決心した。

伊藤公は、もともと英米の政治家のような政党政治の思想を抱く人ではない。政党を操縦しなければ権勢を揮うのに困難な時勢であるから、その手段として政党を利用したのに過ぎない。伊藤公が政党の首領になってからの政略上のしわざを見ると、ただ政府の都合を図るばかりであって、国民の自由と利益を目的とした跡が見られない。（中略）伊藤公の頭の中はアジア伝来の専制政治家の風を抜けないのに、表面は政党政治の仮面で装い、その実政党を操縦して官僚政治のために利用したのに過ぎない。それなのに多くの政友らは公に盲従した。私はそれを見て、政党人として恥辱であると思い、政党に対して、「足の塵を払う」に至ったのである。しかし、私はもとより国家、社会の問題と関係を絶つという気持ちは無い。ただ、今日の政党に関係するのを潔しとしないのである。そこで政治上のことはひとまず放棄し、もっぱら農業生活に励んだ」（土居晴夫編『坂本直寛・自伝』）

以後、直寛は、自宅近くの小さな農園で使用人相手に耕作し、晴れた日は終日畑に出、雨の日は、書斎で読書に耽ります。特に、直寛にとって、聖書を研究することが無上の楽しみとなったのです。日曜日には、教会で説教をし、欠かさず出席していた祈祷会では、信仰の証をしたのです。特に、冬の間は、もっぱら聖書を読み、夜は村の青年を集めて聖書の講義もしています。

「しかし、このような生活をしている間も、時には時勢や政治的な出来事などにかかわる政友らの活躍を聞き、昔の私が心の中に生き返って私を誘惑した」（土居晴夫編『坂本直寛・自伝』）

直寛の隠遁生活は一年以上になりました。世間とは連絡を絶ったとは言え、この間、晴れた日には、終日、畑に出、雨の日は、書斎で読書にふけり、特に、聖書を研究することを無上の楽しみにしていたのです。

英国の清教徒革命の指導者オリバー・クロムウェルが、政治家としてその地位を失墜したとき、彼が勤勉な農夫として働き、清廉なキリスト教徒として生きた物語は直寛にとって大きな慰めとなったようです。彼もまた、クロムウェルのように、耕しつつ聖書を読み、村の若者たちを集めては聖書を講義しました。

「あるときは郊外に馬を馳せて、夕暮の一時を過ごし、またあるときは妻や娘たちを畑に出し、とうもろこし、小豆、馬鈴薯などの種まきや除草の手伝いをさせた。農事に馴れない妻や娘たちは風呂敷で頭をおおい、はなはだおかしな風体で畑を這い回った。その格好は、まるでカタツムリがのろのろと地を這うのに似て、道行く人で笑わない者は無かった。

ある日のこと、妻が播種後の畑に出て雑草の芽を抜いた。ところが野菜の芽と雑草の芽とを区別できず、雑草の芽を残して野菜の芽を抜き、使用人に見つかって大笑いになったことがある」（土居晴夫編『坂本直寛《なおひろ》・自伝』）

しかし、このような生活をしている間も、時には、時勢や政治的な出来事にかかわる土佐出身の政治家仲間の活躍を聞き、直寛には心中穏やかならないものがありました。土佐の自由民権運動を共に戦ってきた片岡健吉は衆議院議員として活躍、元・海援隊隊員で、龍馬の片腕でもあった中島信行は、一八八〇（明治十三）年に、東京・上野の野外伝道集会で新島襄の説教を聞きキリスト教に入信、後に我が国における衆議院初代議長になっています。

それら、土佐の政治家の活躍を耳にするにつれ、直寛の心にあせりがなかったと言えばうそになります。「自分は一農民として、朽ち果てるのか、友人のなかには、代議士や大臣として議会で理想を試みつつあるではないか。ところが自分はなぜ、北海道の片田舎に隠遁する愚かさを学んだのか」と自問することもありました。

しかし、直寛には信仰がありました。あらゆる重荷を委ねることができるお方がいたのです。そこには、畑にひざまずき、この世の名誉や地位の誘惑に一時的とは言え惑わされた自分を神の前に悔い改める直寛の姿がありました。

新しい使命

一九〇二（明治三十五）年、直寛に転機が訪れます。当時、札幌でキリスト教主義の日刊新聞「北辰日報」が創刊されるのに際し、直寛をその新聞の主筆に迎えたいと要請があったのです。元々土佐の自由民権運動では、若手論客として活躍した直寛です。キリスト教徒になった後も、キリスト教系の新聞や雑誌にクリスチャン政治家としての提言をしばしば掲載していました。その実績が、主筆としての招聘《へい》に結びついたと言えます。

直寛は、この申し出を承諾し、札幌に出たのは二月三日のことでした。

人生は出会いで決まる、と言われます。直寛にとっても、その転機には、不思議ないくつもの出会いがありました。明治のキリスト教界の代表的指導者の一人、植村正久との出会いもその一つでしょう。

一九〇二（明治三十五）年二月、札幌に出た直寛は、「北辰日報」の主筆として健筆をふるいます。

「私は毎日の新聞に論説を書き、ときどき演説や説教をして伝道の一助とした。そしていつもこう思った。今後神はどのようなところに導き、何をさせようとなさるのか、その時が来るまでは今の場所に居て努めるべきである」（土居晴夫編『坂本直寛《なおひろ》・自伝』）

ある意味で開拓事業の指導者として挫折を味わった直寛です。そのときに声がかかった新聞事業への参加は、自らの存在価値を改めて確認することにもなったはずです。しかし、新聞事業が自らの最終目的ではな

明治末期と思われる「帯広札内川鉄道橋列車進行の景」。北海道大学附属図書館蔵

いことも直寛には分かっていたはずです。そんなとき、植村正久と再び出会うのです。

この年の八月、札幌において北海道教役者夏期修養会が開かれ、講師として植村正久も招かれていました。明治十年代、土佐にプロテスタント宣教が開始された頃、ナックスやフルベッキといった宣教師と共に、土佐の伝道に活躍したのが植村正久牧師でした。植村自身武士の出です。横浜の英語塾で学ぶ内、宣教師ジェームズ・バラに導かれクリスチャンとなった植村は、後に、日本基督教会の牧師として活躍、彼が発行した「福音新報」には、直寛も論文をたびたび寄稿しています。

その植村正久に札幌で再会した直寛は、「伝道者にならないか」という強い勧誘を受けたのです。この植村の一押しが、直寛に政治家から伝道者への転身を現実のものとしました。


「伝道はかねてからの志望であり、北海道に来たときから農業のかたわら伝道したいと願っていたし、現にそれを実行している。そこで植村氏の勧めについて深く考え祈った後、ついに献身を決意した」（土居晴夫編『坂本直寛《なおひろ》・自伝』）

直寛は、献身を決意して三か月後の十一月には、ジョージ・ピアソン宣教師の属するミッション（米国長老教会）に加わり、旭川日本基督教会に伝道師として赴任します。その後、直寛が按主礼を受けて正式な牧師となったのは一九〇四（明治三十七）年のことでした。

それにしても、なぜ植村正久は、直寛に伝道者への転向を勧めたのでしょうか。国際基督教大学名誉教授の武田清子氏は、『坂本直寛・自伝』の解説の中で、次のように考察しています。

「高知教会での伝道活動、石川島監獄における聖書中心の真摯な生活、北海道へのピューリタン的開拓魂をもっての入植、北光社の創設などの歩みを長年見守ってきた植村正久は、直寛の聖書の読み方、福音を真正面から受けとめて、忍耐と喜びをもってイエス・キリストに従うことを第一とする信仰の純粋さ、福音を人々に述べ伝えることの熱心さなど、伝道者たりうる人物と考えたのであろう」

十勝監獄で、愛と赦しを語る

一九〇六（明治三十九）年一月十八日、直寛《なおひろ》は十勝監獄に伝道するため、旭川を一番列車で出発しました。日本基督教会旭川講義所に伝道者として赴任して四年後のことです。

当時、根室本線の落合・帯広間はまだ、鉄道が開通しておらず、落合から、馬ソリに乗り換えての強行軍です。吹雪の翌日で道路状態はきわめて悪く、所によって馬の体が埋もれるほどの積雪でしたから、十勝地方の清水までの約八里の山道には相当に苦しんだようです。その日は清水に泊まり、翌朝、馬ソリで出発した直寛は、ソリで迎えに来た十勝監獄職員と出会い、無事、刑務所長の黒木鯤太郎の官舎に到着。

黒木は、三年前の明治三十六年、北海道集治監十勝分監の分監長に就任し、同年四月、昇格した十勝監獄の初代所長に昇進した人物です。黒木自身、日本基督教会に属する熱心な信徒ということもあり、着任早々、キリスト教による教誨を始めましたが、これが大問題となったのです。当初、職員や受刑者たちは黒木のキリスト教による教誨を罵り、ことごとく反発します。職員は総辞職をはかり、受刑者の中には規律の厳しいことを嫌い黒木所長を殺そうと企てる者もいました。

しかし、どんな反対にもめげず、黒木は忠実に職務を果たし、いつしか、職員も受刑者も黒木の誠実さに心服するようになりました。直寛が招かれた頃は獄中に聖書研究会が設けられ、看守長臼井猪之助が聖書の講義をしていました。臼井は、帯広聖公会の教会役員です。

十勝監獄に到着したその夜、直寛は黒木の官舎に各課長、医師、教誨師らを集めて集会を開き、翌日から、精力的に活動を開始。教誨師はすべて仏教の僧侶です。その人々に、直寛はかつて自らが入獄した石川島監獄の体験談を語りました。

同じ北海道の樺戸監獄にあった教誨堂（明治43年）。キリスト教会の礼拝堂に酷似している。
北海道大学附属図書館蔵。『明治・大正期の北海道（写真編）』より転載。

翌日は、獄内の視察後、病監を訪ね、患者にキリスト教の福音を語り、また、未成年の囚人を集め、聖書の中から、苦難を経てエジプトの宰相になったヨセフの獄中生活について説教。同夜は、官舎の婦人会に出席して、百七十人ほどの人々に奨励するなど実に精力的に働いています。

一九〇六（明治三十九）年一月二十一日、十勝監獄を訪れて迎えた最初の日曜日、直寛は午前十一時から始まった囚人を対象とした集会で、『聖書』のローマ人への手紙10章32節から説教しました。主題は「神はすべての人をあわれむために、すべての人を不従順のなかに閉じ込めた」。この聖書の内容がどの程度、囚人の心を捕えたかは分かりません。ただ、直寛は、涙を流しながら、すべての人の罪を赦される神の愛と赦しを語ったのです。この日集まった囚人は七百余名。中には、すでに聖書研究会に出ており、求道の心で直寛の説教に共鳴した人々もいたと言います。

翌日、独房の囚人を訪ねた直寛は、ひとりの殺人犯と出会います。彼は鉄の玉二つをつけた鎖をはめられていました。たいへんな短気でひとたび怒り出すと、全く手が付けられません。世間の常識と言うものが通じないのです。直寛が、彼の独房に入った時、彼は黒あばたに目のつり上がったものすごい形相で睨みつけ、その目は殺気さえ感じられます。彼は入獄以来一度も笑顔を見せたことがありませんでした。

「あなたは、この独房に居て、何か楽しいことがありますか？」。唐突に、直寛は問いかけます。考えてみれば奇妙な質問です。その囚人は吐き捨てるように口を開きました。「楽しいどころか、悩み苦しんで夜もろくろく眠れねえよ」。

直寛《なおひろ》に深い同情の心が湧きあがってきました。「あなたは、今、悩み苦しんでいると言いましたが、本当にそうでしょう。しかし、あなたの知らない方が居られるのです。その方をあなたが知ったら、あなたが悲しみ嘆いているこの独房はたちまち宮殿のように見えますよ」。囚人は怪訝な顔をします。何を言っているのかが分からないのです。

そこで、直寛は、キリストの福音を語りました。別れるとき、その囚人の顔はやや和らいだように見えました。心が動いたのです。同行の看守に聖書を貸してほしい、と願います。

次の機会に再び訪れたら、彼は聖書を読んでいました。直寛を見て少し微笑んで迎えてくれました。「あなたは、聖書を読んで感じたことはありますか」。囚人は答えました。「生まれつき短気な者ですから殺人の罪を犯しましたが、聖書を読んで忍耐ということを知りました」。そこで再び、直寛は、神の道を分かりやすく聞かせたのです

一九〇六（明治三十九）年一月二十八日、十日間にわたる十勝監獄での伝道の奉仕を終え直寛は、旭川に帰ってきます。初めての監獄伝道でしたが、直寛の心には熱いものが流れ、それまでの信仰生活の中では味わったことのない霊の高揚を感じる日々でした。

長野政雄との出会い

ところが、旭川に帰って、奉仕先の旭川基督講義所での働きにもどってみると、その霊的高揚は次第に消えて行くのです。当時、旭川の教会には閉塞感が漂っており、直寛自身の魂も「聖霊の満たし」を求めて呻いていました。当時の様子が自伝のなかに出てきます。

「四月六日の夜のこと、少し病んで床に臥《ふ》していたところ、組合教会員の長野政雄、横山清五郎両氏の訪問を受けた。訪問の趣旨は、聖霊を受けてその喜びに満たされるために、われわれはどのように働けばいいか、ということであった。私たちはそのことのために互いに祈り、有志による特別祈祷会を持つことに意見が一致したのであった。

それから毎週金曜日の夜に、聖霊降臨をせつに願うための祈祷会を開いた。今日の宗教界、特に旭川の各教会の惰眠を戒め覚まし、信仰を振るい立たせるためにはリバイバルを起こす必要があり、そのためには神に祈り求めるべきであると信じたのである」（土居晴夫編『坂本直寛《なおひろ》・自伝』）

この祈祷会は、毎週金曜日の夜、ピアソン宣教師の自宅で開かれました。この集会は、形式的になることを避けるため、本当に霊的飢え渇きを憶え、聖霊の満たしを求める者だけに限定されました。ですから、この特別祈祷会はいつも少人数でした。

年を越し一九〇七（明治四十）年一月の最初の週、特別祈祷会を各教会輪番制で開きましたが、リバイバルの起こる兆候は見られません。直寛《なおひろ》は、この祈祷会の五日目の席で、あのヤコブがヤボクの渡しで神と相撲をとり祝福を受けるまで神を離さないと言った聖書の個所を引用して、熱心に勧めをしています。そして、翌日の祈祷会のことです。この日は、長野政雄が属する組合教会が当番の会場でした。突然、それは起こったのです。

「私が会場に行ったとき、出席者は少数で、心中ひそかに失望したが、祈祷はかえって活気があった。そして突如、聖霊は下ったのであった。この夜、十勝監獄から来た吉野、臼井両氏も出席していた。吉野氏は監獄の現状を語り、私も監獄について近ごろ感じたことを話し、臼井氏が熱い祈りをささげた。私は勧めを終えてベンチに腰掛けるなり、何かが胸を塞いだような心地がして、同時になんとも言えない感情がこみ上げてくるのを押さえ切れず、思わず声を上げ泣いてしまった。この感動が出席者にも伝わり、一同涙に咽《むせ》ぶばかりであった。ある者は罪を

塩狩峠近くの塩狩駅には長野政雄の殉職記念碑が建っている

告白して悔い改め、ある者は感謝の祈りをささげ、また、ある者は神のために働くことを誓った。一同が聖霊に打たれたさまは、まるで電気にかかったようであった」（土居晴夫編『坂本直寛《なおひろ》・自伝』）

三浦綾子の代表作と言われる小説『塩狩峠』は、長野政雄という鉄道員が乗客を救う為に暴走する列車を自らの体を投げ打って止めたという実話を元に生まれた作品ですが、この夜、組合教会で起こったリバイバルの現場にその長野政雄もいたのです。

塩狩駅の周辺は静寂に包まれている

一九〇八（明治四十一）年一月の最初の週の終わり、旭川組合教会に集まった直寛や、組合教会で日曜学校の校長だった長野政雄、それに十勝監獄から来た看守長の臼井猪之助らは、その夜の特別祈祷会で、激しく霊の感動を受けました。

その夜遅く、祈祷会から自宅に帰って来た直寛は、床に入っても少しも眠れず、無理に心を静めて眠ろうとするのですが、返って目が冴えてしまいます。突然、両足がけいれんし、腰から下が長旅から帰って来たときのように疲労を覚え、あまりに、そのけいれんが激しく続くので、直寛は、もしやこれは、聖霊の働きではないかと動揺します。

「私は床の中で、何をすればいいのかとみずからに問うた。そのときもっと激しく両足がけいれんした。それで、祈るべきだろうかと再び問うたところ、さらに激しくけいれんした。私はすぐに起き上がり、ひざまずいて神に祈りをささげた。一つは信仰が冷却して教会から離れて行った人々のため、二つは十勝監獄の囚人のためであった。これらの祈りをささげ終わると、今までの両足のけいれんが止み、平生と変わらないようになったが、それでも眠れなく、とうとう灯をともして聖書を読み、かつ祈り続けた」

（土居晴夫編『坂本直寛《なおひろ》・自伝』）

翌日は日曜日です。直寛は、自らが牧する日本基督教会旭川講義所の朝の礼拝で説教をしました。そこで読み上げられた聖書の言葉は次のようなものでした。

「真理の御霊が来ると、あなたがたをすべての真理に導き入れます」（『聖書』ヨハネによる福音書16章13節）

直寛《なおひろ》は、この聖書の個所から、信徒一人一人が、神から直接、聖霊を受けることの重要性を説きます。そして、説教のあと、昨夜、リバイバルが起きたことを報告して感謝祈祷会を開いたのです。

この朝も、教会には神の霊の顕著な表れがありました。会衆は全員、聖霊に打たれ、涙を流して祈り続けました。そのとき、信仰熱心な青年兵士が遅れて会堂に入って来ました。もちろん彼は、リバイバルのことは知りません。ところが、彼が会堂の扉を開けるなり、何者かに胸を打たれたように体を後ろにのけぞらせたのです。

直寛は、この朝、聖書の言葉が真実であることの証拠を見る思いでした。「キリストの言葉は真《まこと》である。この言葉はリバイバルによって成就された。これまで、聖書の記述を誤解していた人も、このリバイバルでいまさらのようにあやまちを認めたのであった」（土居晴夫編『坂本直寛《なおひろ》・自伝』）

リバイバルが起こったこの特別祈祷会から一年後の一九〇九（明治四十二）年二月二十八日、その列車事故は起こりました。北海道和寒町の塩狩峠で、急坂を登りつめた列車の最後尾の連結器が外れたのです。後退する客車の異常に気付いた鉄道職員の長野政雄は、とっさの判断で線路に身を投げ出して自分の体で暴走する客車を止めたのです。長野は殉職、残りの乗客は全員救われました。この出来事は、旭川に住むキリスト教徒に大きな衝撃を与えました。聖書に、「人、その命を捨てる、これより大いなる愛はなし」というキリストの言葉があります。長野正雄の死は、人々に、人は如何に生きるべきか、という大きな問いを突き付けたのです。

十勝監獄伝道で、多くの回心

一九〇八（明治四十一）年一月中旬、直寛は、十勝監獄での伝道のため旭川を離れます。旭川組合教会の祈祷会で体験したリバイバルは、直寛の救霊の情熱を高め、囚人に対する愛は深められていました。

二十二日、帯広に着いた直寛は、その夜は、十勝監獄の所長で、監獄伝道の道を開いた黒木鯤太郎の官舎に泊り、翌日の夜、監獄伝道の準備祈祷会を開いたところ、出席者は皆、神の恵みを感謝し感涙の涙を流したのです。

二十六日は、黒木所長、および看守の吉野、臼井両氏らと共に、監獄から約二里ばかり離れた山の中の小屋を訪れています。そこには、木材の伐採作業をしている囚人が約五十名ほど泊まり込んでおり、直寛《なおひろ》はそこで、囚人たちと共に食事をしました。

「食事をしながら、二十年前、保安条例によって逮捕され、故片岡健吉氏や他の同志たちとともに、石川島監獄に投ぜられて一年有余の間、監獄の飯を食ったことを思い起こし、今昔の感に耐ええなかった。あのときは専制政府に対する義憤の食事であった。憤り嘆く食事であった。恨みの食事であった。今はまったく趣きの異なった食事である。主の愛に恵まれた食事である。哀れな囚人を思いやる暖かい食事である。これら

駆け足出来事伝

北海道とキリスト教

《カトリック》キリシタンの蝦夷地伝道は一六一三（慶長十八）年、堺のキリシタン医師が松前に招かれ瀕死の幼児たちに洗礼を授けたことが最初といわれる。一六一八（元和四）年、イエズス会士アンゼリスが松前に渡り約十人のキリシタンを訪れている。

《正教会》一八六一（文久元）年、ロシア正教会・ニコライ司祭が箱館のロシア領事館に赴任、一八六四（元治元）年、三人の日本人が受洗、

を思い比べて感慨無量であった」（土居晴夫編『坂本直寛《なおひろ》・自伝』）

食事の後、直寛は立ち上がって説教を始めました。ところが、胸に迫るものがあり、話し続けることが出来なくなります。説教は祈りに変わり、また、話そうとしても言葉が出て来ないのです。直寛は、流れ落ちる涙を止めることができず、とうとう声を上げて泣き出しました。その場にいた囚人たちも皆、深い感動につつまれ、集会後には、三十人の囚人が聖書を求めたいと願い出たのです。他の二十人はすでに聖書を所持していましたから、その小屋に収容されていた囚人のほとんどが求道を始めたことになります。

翌日は日曜日です。直寛たちは早朝に起き出し、馬そりで十勝監獄にもどり、そこで、集まった七百人を超える囚人にキリストの愛を伝えます。午後には、信仰を求める人々だけの集会を開きますが、そこには、六百人を超える囚人が集ってきたのです。

その集会は、看守の臼井猪之助の祈祷で始まりました。その祈りは熱がこもり満場を圧倒したと言われています。ちなみに、この臼井氏、後に献身して聖園教会の牧師としてその生涯を全うしました。

日本正教会が発足した。《プロテスタント》一八七四（明治七）年、アメリカのメソジスト教会のハリス宣教師夫妻が函館に赴任。同年、二人の男性が受洗し、函館教会が設立される。ハリス夫人は、自宅で女子教育を開始、遺愛学院の設立の契機となる。一八七六（明治九）年、札幌農学校設立のため招かれたクラーク博士の感化で第一期生がイエスを信じる者の契約に署名した。この契約には、第二期生の内村鑑三、新渡戸稲造も署名、一八七七（明治十）年、生徒二十二名がハリス宣教師から受洗している。

直寛自身、このときの出来事を、十勝監獄における最初のリバイバルと言っていますが、この日曜の集会の結果として、四十二人の囚人が悔い改め、皆、求道者になることを申し出ています。二週間にわたる十勝監獄伝道は大きな実を結びました。別れの日、直寛は、監獄の職員にこう述べています。

「あなたがたもよく知っているように、多くの囚人たちは神の恵みを受けて信ずるようになりました。人は誰でも信者になれば、すべてのことについて思考が高くなります。もしあなたがたの思考が囚人よりも低かったら、あなたがたはどうして彼らを心服させることができましょうか。だからあなたがたも神を信じて下さい」（土居晴夫編『坂本直寛《なおひろ》・自伝』）

十勝監獄でのリバイバルで、新しい人生を歩むようになった監獄職員の宮本正は、日露戦争でロシア軍将校を捕え金鵄勲章をもらったという元軍人です。

直寛が、特に、その救いを祈り続けた人物でもあります。ところが、一度はキリストの救いを受け入れたものの、その後、監獄内での人間関係につまずき、むしろ、キリスト教への非難を激しく始めるようになっていました。

一九〇七（明治四十）年十月、ピアソン宣教師夫人と共に十勝監獄を訪れた直寛《なおひろ》は、ロシアの総司令官ステッセルにちなんで、「ステッセル」と秘かに呼んでいた宮本正を訪ねます。それまでも何回か個人伝道を試みていたのですが、頑なその魂を砕くことは出来ず、ピアソン夫人などは「彼が神様を信じるのは絶望的です」と言う始末です。
しかし、このときの訪問で、「ステッセル」の魂は砕かれたのです。祈祷会で語った彼の信仰告白文が残っています。
「皆さん、ご存じのように、私も一月から、坂本先生の、お話しを聞いてきました。でも、福音を受け入れることができず反発してきました。仕事も面白くなくなり、ここにいる臼井さんや吉野さんにも不満をぶちまけてきました。でも、〃もっと忠実に〃との忠告だけでした。私は憤慨し怒り、あげくは、黒木典獄（所長）さえ恨むようになったのです。仕事をやめようとさえ思いました。そんな時、坂本先生とピアソン夫人がこちらに見えられるというので、お二人に私の気持ちを分かってもらおうとしたのです。でも、二人とも私の話を聞いてはくれませんでした。ピアソン夫人が聖書を読んで、お話しを始めたときは、すっかり頭にきてしまいました。ところが夫人は、祈りの手帳を私に見せ、九か月もの間、毎日、私のために祈って来たと話されたとき、大変驚きました。そして、心が騒ぎました。この外国の女性が私のために、心からの祈りを捧げてくれた時、祈りが何であるかがはっきり判りました。今まで、私は、お祈りというのが大嫌いでした。自分で自分を慰めるつぶやきだと思っていました。子供じみたくだらない長話としか感じなかったのです。でも、私は、この外国人夫人の熱心な祈りから、祈りに応えてくれる生きた何者かがいることが判ったのです」（池田真昌信編著『北海道開拓時代の宣教師・ピアソン宣教師』）
宮本正は、二人が帰った後、これはどうしたことかと思いめぐらしていました。すると、心の奥に激しい痛みを感じたのです。

「それは、何か邪悪なものが外に出て行き新しいものが、心の中に入ってきました。私は、すっかり別人になったようでした。私は判らない内に外に出て、この祈祷会に向かって歩いていました。不思議な力が私を動かしていました。ここへ着いた時、その不思議な力が私を語らせようとしたのです。いや、語らせてくれたのです。今こそ、神が私を赦し、新しい心と聖霊を与えて下さったのです。どうか私をあなたがたの仲間にして下さい」

旭川講義所での働き

坂本直寛《なおひろ》が日本基督教会旭川講義所に伝道者として赴任したのは、一九〇二（明治三十五）年十一月のことでした。直寛五十歳のときです。その二年後には、按手礼を受けて牧師になっています。この旭川時代が、直寛にとって、最も充実した伝道活動の期間だったと言えるかも知れません。特に、十勝監獄への伝道の働きは、直寛の信仰生活の中で大きな比重を占めていました。この十勝監獄での伝道は、監獄の典獄（所長）が熱心なクリスチャンだったことから実現したもので、直寛のメッセージによって、多くの囚人が回心したのです。直寛の元には、多くの囚人から感謝の手紙が寄せられています。『坂本直寛・自伝』の中には、その手紙の内容が紹介されていますが、こんな文面の囚人からの手紙もあります。

「前略、過般は他行をまげてわざわざご慰問下さいまして熱心に道を教え、私どもに大きな感動を与えて下さいましたこと感謝いたします。お蔭で心から罪を告白し、悔い改めることができました。そのとき、神様の不思議な霊が私どもの上に降りて来て、無知な私どもの心の戸を開き、目覚めよ、悔い改めよと呼び起こされたように、心の奥に刺し通りました。なんとも言うことができない感動に満たされ、ふだんから心に悩んでおりました罪の意識がにわかに消えました。今は押えがたい涙とともに感謝の念で胸がいっぱいです。これは罪を悔い改める機会を神様が与えて下さったものと考えますと、神様のお力は強いといまさらながら感じ入っております。

私は未丁囚のひとりとして、臼井先生のご指導をいただいておりますが、信仰ははなはだ微弱で、ともすれば自身の暗い方ばかり見て、この世に自分ほど不幸な者は無いと思っていました。しかし、お蔭をもちましていささか信仰の目を開き、明るい方を見ることができるようになりました。身は獄舎に在りましても、恵み豊かな神様の恩寵が一身に溢れているかと思いますと、実に幸せでございます」（土居晴夫編『坂本直寛《なおひろ》・自伝』）

直寛は、時に、千人もの囚人の前で、涙にむせびつつ、人間を罪から救うため十字架に架かったキリストの愛を切々と語りました。この、自らを囚人と同じ罪人として身を低くして神の愛を語る直寛の姿に共感を憶えた囚人たちは決して少なくなかったのです。

しかし、十勝監獄への伝道は、四年間、七回に渡って行われた後、一九〇八（明治四十一）年に終わりを告げます。クリスチャン典獄・黒木鯤太郎の青森監獄への転任が原因でした。後任の典獄が、浄土真宗の僧侶である教誨師を本来の任務に戻したのです。ただし、新しい典獄は、教誨を仏教に復しはしましたが、職員や家族のキリスト教信仰を抑制することはしませんでした。この年のクリスマスはクリスチャンの職員らによって盛大に祝われ、ピアソン宣教師もそれに出席しています。とは言え、それ以後、直寛が十勝監獄で奉仕する機会は戻ってきませんでした。

旭川での廃娼運動

ピアソン宣教師夫妻や直寛が旭川に赴任した頃、石狩川と忠別川が合流する当たりの旭川番外地に貸座敷と称する十軒ほどの娼家がありました。北海道庁が設置を許可した曙遊郭《あけぼのゆうかく》です。旭川市史の中には、こんな記述があります。「新開地の常として、博徒の入り込むものも多く、遊郭を中心に賭博が開帳、暴力沙汰が絶えず、遊郭は遊興と暴力の温床と化していく」。

日露戦争後、道庁は、旭川町に隣接する永山村中島に遊郭新設の検討をはじめました。ところが、そこは開校して間もない庁立上川中学から石狩川をはさんで五百メートルしか離れていません。当然、反対運動が起こりました。しかし、一九〇七（明治四十）年三月、道庁は遊郭設置を告知したのです。中央の新聞でもこの問題は大きく取り上げられ、キリスト教主義の社会活動を続けていた日本婦人矯風会も、東京・神田の青年会館に聴衆千人を集めて反対を呼び掛けるなど、世論は大いに盛り上がりました。

しかし、事態は一向に好転しません。道庁では係官を旭川に派遣して工事を進めるよう檄を飛ばし、明治四十年十月には、ほとんどの遊郭が営業を開始したのです。旭川ではこの事態に、反対運動そのものが分裂状態となり収拾がつかなくなってきました。

そのとき、立ち上がったのは、旭川の基督教婦人禁酒同盟の会長に推されていたピアソン夫人でした。夫人は遊郭設置廃止運動の陣頭に立ったのです。そこで、かつて政治家として活躍した坂本直寛《なおひろ》の出番がやってきました。直寛が起草した請願書が貴族院と衆議院の両院に提出され、貴衆両院は請願書を分科会に付議し、各新聞は連日にわたって審議内容を報道したのです。

しかし、ピアソン夫人たちの熱心な働きかけにもかかわらず、遂に、道庁から遊郭取り壊しの通達は来なかったのです。ピアソン夫人の手記にこんな嘆きの言葉があります。

「わたしたちの請願書は帝国議会の両院を三月通過しました。わたしたちは祈りは答えられたと確信しました。そして、遊郭取り壊しの通達は北海道庁長官から来ることになっていました。わたしたちは三月二七日、旭川の一教会で合同大感謝集会を開きました。ところが、この遊郭取り壊しの通達は遂に来ませんでした。そのときのわたしたちの驚きと、くやしさをご想像下さい」（池田真昌信編著『北海道開拓時代の宣教師・ピアソン宣教師』）

その後、ピアソン宣教師夫妻は野付牛に移転しますが、そこでも、迫害を受けながら、ひるまずに廃娼運動や遊郭設置反対運動を続けています。北海道の主な都市や開拓地には遊郭が設置されていましたが、ピアソン夫妻が伝道の働きをした北見にだけは設置されませんでした。北見は清潔で明るい感じがする町と言われる所以でもありますが、歴史的に見て、この町にはキリスト教の倫理に生きる人々のあかしが残っていると言えるかも知れません。

龍馬の甥が創った讃美歌

一九〇九（明治四十二）年四月一日、直寛は所用のため、旭川から、列車を乗り継いで函館に行き、そこから、前の年に開通したばかりの青函連絡船で青森に、そこで列車に乗り換えて仙台に赴いています。仕事を終え、六日午後七時三十分仙台発青森行きの列車に乗って帰路に着いた直寛は大変な嵐に遭います。

七日朝、下北地方には強風が吹き荒れていました。午前七時、次の野内駅に着いたときは暴風となっていました。やがて、列車が同駅を発車して約一・六キロ進んだとき、夜来の暴風がさらに勢いを増し、突然、疾走中の列車に襲いかかったのです。九両編成の列車です。その三両目の郵便車と四両目の客車が、築堤の北側約五メートル下に転落、客車二両が脱線。

直寛《なおひろ》は六両目の一等車に乗っていました。この車両は転落を免れましたが横転してしまったのです。五両目が縦に転落し、それに支えられた形になりました。

車体には大きな穴が空きました。そこから乗客は脱出したものの、余りにも激しい風のため立つことも出来ず、それぞれがレールにしがみついて風に飛ばされないように身を守るのが精いっぱいでした。

列車が徐行していたためか、大惨事にもかかわらず、人的被害は死者一名、重軽傷者五十余名にとどまりました。約百メートル先には雪解けで水かさが増し、激しく流れる大橋川の橋梁があり、もし、そこで転覆していたら犠牲者はもっと多く出たことでしょう。

このとき、直寛は、これこそ「神の奇しき摂理」と感じました。そして、旭川に帰る車中で次のような讃美歌を作詞したのです。

一、妙なるみたまの神のわざは　筆にも言にも尽くしがたし
二、エホバの使いは我を守り　髪一筋をも失せざらしむ
三、雀さえ守る父の御手は　いかでか我が身をまもらざらん
四、我神エホバの我にたまう　こよ無き御恩いかでむくいん
五、我世を去る迄身をささげて　奇しき恵みを証し伝えん
六、イエス君の外に救いは無し　諸人こぞりてほめたたえよ

直寛は、この自作の讃美歌を「ああ主は誰がため世に下りて」という詞で知られる讃美歌一三八番（讃美歌21では二九八番）の曲で口ずさんでいました。残念ながら、この直寛が創作した讃美歌は公けに賛美されることはありませんでしたが、坂本龍馬の甥が、自由民権運動の活動家から転身してキリスト教の牧師となり、讃美歌まで創ったというエピソードは幕末維新の秘史と言えるのかも知れません。

エピローグ

明治十六年に出た、坂本龍馬の初の伝記『汗血千里駒《かんけつせんりのこま》』は次のような文章で終わっています。
「南海男《なみお》は、龍馬の兄権平の家督を継いで坂本と名乗ったが、早くから立志社の一員となって四方に遊説し、人民卑屈の瞑夢を喝破するに熱心である様子、すこぶる叔父龍馬その人の典型を遺伝したるようであり、ある者は、坂本南海男をナポレオン三世になぞらえる程である」（坂崎紫瀾《しらん》著『現代語訳汗血千里駒・真龍馬伝』金谷俊一郎訳）。

南海男とは、後の坂本直寛です。作者は、直寛をナポレオン三世になぞらえる者もいる、と持ち上げていますが、その意味とは反対に、直寛は政治家の道を歩むことなく、最後までキリスト教の牧師として地上の生涯を終えました。

明治四十四年の二月から三月にかけて、直寛は、浦臼の聖園教会の伝道集会で奉仕、三月十二日に集会で、信仰を表明した人々の中から、大人十名、子供三名に洗礼を授けています。その後七月まで、函館などで精力的にキリスト教講演会を行い、「神の国とこの世の帝国」と題して、聖書の真理を熱く語っています。

八月上旬、直寛は病に倒れ病床に伏します。持病の胃病が悪化したのです。九月一日、病状が悪化したため札幌・北一条の北辰病院に入院。胃がんに侵され、末期症状を呈していました。

明治四十四年九月六日、直寛は波乱に富んだ地上の生涯を終えました。享年五十九歳。

高知県にある坂本龍馬記念館の森志郎館長が、ＤＶＤ「龍馬をめぐる五人の男たち」の中で、おもしろいことを語っています。「龍馬の志を一番継いだと言えば、それは直寛やないですか」。そして、もし、龍馬が六十歳くらいまで生きていたとするなら、直寛のような生き方をしていたかも知れない、とまで言ったのです。もちろん、龍馬が牧師になるなど、常識では考えられないことです。しかし、「憎しみからは何も生まれない」と心から信じていた龍馬が「愛と赦し」の世界に生きたかも知れない、と想像をたくましくすることは、許していただけるのではないでしょうか。

【主な参考引用文献】

『あやつられた龍馬』（加治将一著／祥伝社）
『江戸の歴史は隠れキリシタンによって作られた』（古川愛哲著／講談社）
『海舟座談』（巌本善治編／岩波文庫）
『勝海舟・氷川清話』（江藤淳、松浦玲編／講談社）
『勝海舟最期の告白』（守部喜雅／いのちのことば社フォレストブックス）
『キリシタン禁制と民衆の宗教』（村井早苗著／山川出版社）
『真龍馬伝・現代語訳「汗血千里駒」』（坂崎紫瀾著・金谷俊一郎訳／芸文社）
『聖書を読んだサムライたち』（守部喜雅著／いのちのことば社フォレストブックス）
『聖ニコライ大主教』（高橋保行著／日本キリスト教団出版局）
『坂本直寛・自伝』（土居晴夫編／燦葉出版社）
『坂本直寛の生涯』（土居晴夫著／リーブル出版）
『坂本龍馬』（好川之範著／北海道新聞社）
『坂本龍馬事典』（加来耕三著／東京堂出版）
『坂本龍馬と明治維新』（マリアス・ジャンセン著／時事通信社）
『坂本龍馬の系譜』（土居晴夫著／新人物往来社）

『坂本龍馬を斬った男』（今井幸彦著／新人物往来社）
『長崎海軍伝習所の日々』（カッテンディーケ著／平凡社）
『日本キリスト教歴史大事典』（教文館）
『日本正教史』（牛丸康夫著／日本ハリストス正教会教団府主教庁刊）
『日本宣教の夜明け』（守部喜雅著／マナブックス）
『明治という国家』上下（司馬遼太郎著／ＮＨＫブックス）
『明治の政治家と信仰』（小川原正道著／吉川弘文館）
『文藝春秋にみる坂本龍馬と幕末維新』（文藝春秋社刊）
『北海道開拓時代の宣教師・ピアソン夫妻』（池田真昌信編著／ピアソン会）
『龍馬・お龍・土佐』（岩崎義郎著／リーブル出版）
『龍馬が見た長崎』（姫野順一著／朝日出版社）
『竜馬がゆく』１～８巻（司馬遼太郎著／文藝春秋）
『龍馬の言葉』（坂本優二著／ディスカヴァー・トエンティーワン）
『龍馬語録』（木村幸比古著／ＰＨＰ）
『龍馬史』（磯田道史著／文藝春秋）
『わが人生』（新島襄著／日本図書センター）

守部喜雅（もりべ よしまさ）

1940年、中国上海市生まれ。慶応義塾大学卒業。1977年から97年まで、クリスチャン新聞・編集部長、99年から2004年まで月刊『百万人の福音』編集長。現在はクリスチャン新聞・編集顧問。ジャーナリストとして、四半世紀にわたり、中国大陸のキリスト教事情を取材。著書に『レポート中国伝道』（クリスチャン新聞）、『聖書－知れば知るほど』（実業之日本社）、『日本宣教の夜明け』『聖書を読んだサムライたち』『勝海舟 最期の告白』『サムライウーマン新島八重』（いのちのことば社）などがある。

聖書を読んだサムライたち

龍馬の夢

2013年6月20日 発行

2013年9月20日 再刷

著者　守部　喜雅

装幀・デザイン　吉田　葉子

発行　いのちのことば社フォレストブックス

164-0001　東京都中野区中野2-1-5

編集　Tel.03-5341-6924　Fax.03-5341-6932

営業　Tel.03-5341-6920　Fax.03-5341-6921

e-mail support@wlpm.or.jp

印刷・製本　モリモト印刷株式会社

ISBN978-4-264-03078-2 C0021

サムライウーマン

新島八重

守部喜雅著

銃，戦い，絶望から
聖書とサムライ魂へ

1,260円　四六判　144頁

会津藩砲術家の家に生まれた山本八重。幕末の戊辰戦争で、会津若松城に籠城し、銃を手に最前線で戦うも、敗戦――。失意のなか移り住んだ京都で出会った聖書と生涯の伴侶（新島襄）によって、八重は生まれ変わる。

持ち前のサムライ精神と聖書を指針に、新たな道へ歩んだ姿を活写した。